의료쇼핑,
나는 병원에 간다

의료쇼핑, 나는 병원에 간다

의사, 환자, 가족이
병을 만드는 사회

최연호 지음

글항아리

머리말

나는 오늘 병원에 간다. 불편해지려고 가지는 않는다. 하지만 나도 모르게 불편해진다. 누군가 이유를 설명해주면 좋겠지만 아무도 관심이 없다. 나만 그렇게 느끼는 것일까?

나는 몸이 아픈 사람이거나 아픈 이를 보살피는 가족 혹은 의료진일 수 있다. 그런데 나는 병원을, 의료를 얼마나 알고 있는 사람인지 자신이 없다. 내가 의료를 소비하거나 제공하고 있다면 정말 제대로 하고 있는지 잘 모르겠다.

'나는 의사다. 그런데 나도 환자가 될 것이다.' 내가 의사로 살아오면서 늘 되뇐 생각이다. 바꾸어 말하면 이렇게 된다. '환자 입장에서 나를 바라보자. 내가 어떤 진료 행위를 해야 올바른가?'

앞의 세 문단의 '나'는 '우리'다. 우리는 이미 의료 소비자와 제공자가 한 방향을 바라봐야 하는 시대에 들어섰다. 예전과 다르게 이제는 대부분의 정보가 열려 있고 공생해야 하기 때문이다. 병원이라는 허브를 중심으로 모두가 유기적으로 연계되어 있어서 한 부분의 불편함은 곧바로 다른 부분으로 전이된다. 그래서 병원에 가는 모든 이는 타인의 불편함을 배려하는 것이 결국 나 자신을 편하게 해준다는 대명제를 이해하고 받아들여야 한다. 이 책은 그 명제를 다루고 서로를 행복하게 만들기 위해 쓰였다.

나는 소아청소년과 의사다. 내 고객은 다른 과 의사들의 두 배 이상이다. 나는 아이를 보지만 사실은 부모를 본다. 어떤 때에는 할아버지, 할머니도 함께 와 진료실이 꽉 차기도 한다. 말 못 하는 어린아이는 물론이고 큰 아이가 와도 내 질문에 대답하는 사람은 주로 가족이다. 진단을 내리고 치료하는 데 있어서 환자의 입장이 가장 우선시되어야 한다고 느끼기 시작한 계기가 바로 어린 환자의 가족을 같이 보면서다. 아이의 마음이 읽혔다. 엄마와 아빠의 마음도 볼 수 있었다. 가족의 마음을 읽다보니 겉으로 드러난 아이의 증상 뒤에 숨어 있는 깊은 본질이 보였다. 복잡하고 어려운 병이라 해도 검사에 의해 확진되는 질병은 차라리 마음이 편했다. 그런데 큰 병도 아니고 증상도 심하지 않으면서 내 마음이 불편해지는 병들이 있었다. 대부분 안타깝게도 환자 혹은 환자의 가족이 만들어내거나 다른 의사가 잘못 판단한 병들이었다. 그중에는 검사와 치료 약이 필요 없는 경우가 많왔다. 이것은 물론 나의 관점이다. 이 책에서 그 관점에 대해 자세히 얘기해보고자 한다. 나와 생각이 매우 다른 의사도 꽤 있겠지만 휴머니즘이 작동하는 의료에 대해 굳이 반대할 분들은 많지 않을 것 같다. 의사도 언젠가 환자가 되는 순간 똑같은 경험을 하게 되고 또한 공감할 것이기 때문이다.

박재영 의사 선생님을 혹시 아는가? 나보다 몇 살 어리긴 하지만 아마 그의 두뇌 속에 축적된 지식과 경험의 양은 내가 가진 것의 몇 배는 될 것이다. 호리호리한 체구에 이마를 살짝 가린 반곱슬의 머리카락은 은은한 색깔의 안경테와 잘 어울리며 지적인 분위기를 풍긴다. 하지만 안경알 뒤에 보이는 부드러운 눈매는 사람들로 하여금 그가 휴머니즘 의학에 관심을 두는 훌륭한 의사라는 사실을 바로 눈치채게 만든다.

"왜 병원에만 가면 화가 날까?" 청년의사라는 의료 포털 사이트의 주간인 그가 저술한 책 『개념의료』에는 이와 같은 부제가 달려 있다. 그리고 머리말 첫 장에서 그는 우리나라 의료가 가지고 있는 문제점을 속 시원하게 잘 적어놓았다.

병원에만 가면 화가 난다. 불친절한 의사 때문에, 비싼 병원비 때문에, 오랜 대기 시간 때문에, 이어지는 검사 때문에, 통증 때문에, 불편한 주차 때문에, 맛없는 병원 식사 때문에 화가 난다. 몸이 아픈 것만으로도 서러운데, 병원에서 기분이 더 나빠진다. 무슨 수가 없을까?

월급명세서를 볼 때도 화가 난다. 수입의 규모에 비해 건강보험료가 많은 것 같다. 보험료는 꼬박꼬박 내는데, 돌아오는 혜택이 별로 없는 것 같다. 어쩌다 병원에 가면 건강보험 예외 항목이 너무 많다. 그런데 건강보험 재정은 또 적자라면서, 보험료를 더 올릴 거란다. 도대체 왜 이러는 걸까?

뉴스를 보다가 문득 화가 난다. 불법 리베이트를 주고받은 의사와 제약회사가 또 적발되었다. 대학병원들은 선택진료비를 부당하게 징수하고, 장례식장에서 바가지를 씌웠다. 피부과와 성형외과는 넘쳐나는데 지방에는 분만이 가능한 산부인과도 없고 번듯한 응급실도 없단다. 의사들은 뭔지 모를 요구 사항을 내걸고 집회를 열고 파업 운운하며 국민을 협박한다. 정부는 뭘 하고 있는 걸까?

그런데 의사들도 병원에만 가면 화가 난단다. 정부는 의사들을 범죄자 취급하고, 환자들은 의사를 장사꾼으로 본다며 억울함을 토로한다. 우리, 국민이 생각하는 것만큼 그렇게 나쁜 사람들 아니라고, 그저 열심히 환자만 보는 우리가 왜 이토록 욕을 먹어야 하는지 모르겠다고 한탄한다. 의사들은 도대체 뭐가 억울하다는 걸까?[1]

다들 서로 다른 언어를 쓰는 사람들 같더라는 한 기자의 표현을 빌려온 그는 우리나라가 발전해오면서 쌓인 의료 갈등의 본질이 의료 시스템의 부재와 불균형에 있다고 진단했다. 개념 없는 의료가 된 현실을 의료사회학적 관점에서 파헤친 그의 혜안에 혀를 내두르면서도 한편으로는 시스템을 잘 정비한다고 이 문제가 해결될 것인가에 대한 의문이 내 마음 한구석에 계속 남았다. 뭔가가 부족했다. 예를 하나 들어보자. 의과대학 커리큘럼에는 전 학년에 걸쳐 의료인문학이 들어 있다. 왜 의대생들에게 의료인문학을 가르쳐야 하는지는 여기서 언급하지 않아도 누구나 다 안다. 커리큘럼을 상세히 들여다보면 의료인문학 과목 이름은 다음과 같다. 의사학醫史學, 의료윤리, 지역사회의학, 의료법규, 환자와 의사, 의사의 길, 환경의학, 예방의학, 의료관리 등등. 이 과목들을 모두 이수하면 인문학적인 의사가 저절로 되는 것일까? 누가 봐도 답은 '아니올씨다'이다. 일반 국민이 원하는 의사의 덕목 즉 의사상은 환자인 자신에게 집중해주고 환자 입장에서 고려하며 따뜻한 배려를 해주는 것이다. 물론 기본적으로는 의사의 실력이 뛰어나야 하며 판단이 빠르고 또한 손재주가 있어야 한다. 그래서 의료인문학 내용은 의사의 머릿속에 디폴트값으로 저장되어야 하고 진료의 바탕이 되어야 하는 것은 맞다. 박재영 선생님이 지적한 의료 시스템의 문제점들을 각 분야의 리더들이 해박하게 꿰뚫고 해결점을 찾는 것도 의료 개념에서 옳다. 하지만 지식적인 측면과 시스템적인 측면이 모두 만족되더라도 국민의 불만이 계속될 것임은 자명하다. 부모와 자식, 스승과 제자, 직장 상사와 부하 직원 사이에 각자의 역할은 분명히 존재한다. 가족과 학교, 조직 내에 시스템이 이미 잘 갖추어져 있어도 갈등은 다른 곳에서 불거진다. 서로를 대하는 상호작용에서 반드시 있어야 할 한 가지가 빠졌기 때문이다. 바로 휴머니즘이다. 휴머니즘은 타인을 인정하고 타인 입장에서 바라보는 것인데 그게 누락되기에 늘 사건이 벌어진다.

『개념의료』는 정말 개념 있는 책이다. 휴머니즘의 의료가 펼쳐지는 데는 두 축의 핵심 덕목이 필요하다. 하나는 '개념의료'가 지적한 시스템의 개선이고 다른 하나는 이제 이 책에서 다룰 '휴머니즘 의료'의 본질이다. '개념의료'는 겉으로 보이는 부분을 지칭하고 '휴머니즘 의료'는 보이지 않는 부분을 언급한다. 두 개의 바퀴가 동시에 돌아가야 의료는 제대로 움직일 수 있다. 어느 한쪽이라도 헐거우면 그 바퀴는 결국 빠지고 전체는 움직임을 멈춘다.

이 책에서는 『개념의료』가 언급한 우리나라 의료 시스템에 관한 내용을 다루진 않는다. 휴머니즘 의료를 완성하기 위한 매우 중요한 부분이긴 하나 나는 조금 더 본질에 충실하고자 한다. 사람이 우선이다. 그래서 사람 이야기를 주로 나누겠다. 책의 순서를 살펴보자. 먼저 사람이 가진 밑바닥 본성, 두려움에 대한 얘기가 나온다. 사실 의료의 본질은 두려움이라 약간은 어려워도 두려움의 기전을 뇌과학과 진화로 풀어보았다. 그리고 영화로 유명했던 패치 애덤스의 이야기가 나온다. 나는 여기서 휴머니즘 의료의 근간이 타인의 입장이 되어보는 데 있다는 것을 강조한다. 하지만 미래에 올지 모를 손해를 피하려는 두려움 때문에 잘못된 정보나 현상에 우선 반응하는 환자와 의료진은 자기 입장만 챙기는 데 급급한 나머지 타인에게 피해를 입히고 있음을 눈치채지 못한다. 의도하지 않은 의원병과 가족원병 그리고 의가족원병은 이렇게 생겨난다. 병원 이야기도 다뤘다. 병원 직원이 행복해야 환자가 더 행복해진다는 것은 아무리 강조해도 지나치지 않을 것이다. 그러고는 내가 말하고자 하는 휴머니즘 의료를 많은 사례와 함께 풀어보았다. 우리가 알면서도 드러내지 못했던 그레이 페이션츠와 그레이 닥터 개념도 설명했다. 이 개념을 알아야 타인에게 피해를 주는 그들을 바르게 이끌어줄 수 있을 것이기 때문이다. 이번 책에도 신조어가 나온다. 가족원병과 의가족원병, 그리고 그레이 페이션츠와 닥터는 우리 주변에 늘 존재하는 불편함이었는데 네이밍을 통해 드러나게 만들었다. 알아야 바뀐다. 그래야 병원에 가면 왜 불편했는지를 깨닫고 개선할 동기를 부여받는다. 우리 모두는 사람의 병원을 원한다.

내가 썼던 『기억 안아주기』는 의료에 깔려 있는 인간 심리의 메커니즘을 다뤘다. 두 번째 책 『통찰지능』은 보이지 않던 심리 기전을 끄집어내는 방법에 대한 내용이 주를 이뤘다. 이번 책은 환자와 의사의 입장을 모두 다루며 불편함의 실제를 보여준다. 앞의 두 책을 읽었다면 이번 책의 내용이 쉽게 와닿을 것이다. 어떻게 보면 시리즈의 완결편일 수도 있다. 그래서 이 책에서 『기억 안아주기』와『통찰지능』의 비슷한 사례들을 볼 수 있음을 독자들께서 양해해주길 바란다.

내가 혹은 내 가족이 아플 때 의료진의 도움은 절실하다. 그런데 꽤 많은 경우 나와 내 가족이 스스로 아픔을 치유할 수도 있다. 그 치유를 하는 데 약이나 검사가 만능이 아니라는 걸 이 책이 알려줄 것이다. 보이지 않는 것을 보게 된 순간 나는 과거로 돌아가지 않는다.

나는 오늘 병원에 간다. 편해지려고 간다.

차례

두려움, 인간의 가장 밑바닥 본성

몸이 아팠다. 그런데 얼마나 아파야 병원에 갈까? 사람들은 아프다고 바로 병원을 찾지는 않는다. 기다리면 저절로 좋아질 수도 있기 때문이다. 그렇다면 병원에 가는 기준점은 무엇일까? 바로 두려움이다. 내가 아픈데 혹시 일상생활을 방해할 정도로 신체 손상을 줄 병으로 진행될까봐 걱정돼 의사를 찾는다. 즉 지금은 큰 문제가 아닐 수 있지만 가까운 미래에 나에게 손실을 끼칠 우려가 있어 그 두려움에 병원 문을 두드린다. 걱정 많고 예민한 사람들은 작은 증상에도 병원에 가는 반면 느긋한 성격의 소유자는 조금 더 기다려보기도 한다. 이 모든 결정은 두려움의 정도에 따라 정해진다. 누구는 동네 의원부터 가보지만 누구는 처음부터 바로 대학병원을 예약한다. 누구는 인터넷 포털에 자신의 증상을 입력하고 그와 관련된 질병을 검색한다. 또 누구는 어느 질병의 증상 중 하나가 자신의 것과 들어맞는다는 이유로 아예 그 질병에 걸렸다고 확신하고 병원을 찾기도 한다. 이 모든 행동 또한 그 사람이 가진 두려움의 정도에 따라 달라진다.

환자의 두려움은 병원에 가기로 결정한 것만으로 해소되지 않는다. 처음 방문하는 병원이라면 차를 몰고 갈 때 주차장은 어떻게 들어가는지부터 걱정된다. 외래의 위치를 찾아가는 것도, 나를 맞아줄 의사 선생님이 어떤 분일지도 걱정이다. 걱정은 여기서 끝나지 않는다. 외래를 마치면 약도 타야 하고 검사도 해야 하며 결과를 들으러 다시 방문할 때까지 그 결과에 대한 걱정이 뇌 전체에 가득하다. 계속 아프진 않을까? 나쁜 병일까? 불치의 병은 아닐까? 생각이 미치는 대로 따라가다보면 어느덧 나 자신은 중환자가 되어 있고 이미 기진맥진하다. 두려움은 본능인데 이성을 가진 인간은 눈을 동그랗게 뜬 두려운 모습을 겉으로 내세우기보다 걱정이라는 이성적 표현으로 바꾸어 가면을 쓰게 마련이다.

환자가 두려워하는 만큼 의사도 늘 두려움과 함께하고 있다. 의학은 1 더하기 1이 2가 되지 않는 학문이다. 아무리 의학 지식으로 무장해도 많은 질병이 정말 다양한 양상으로 나타나기 때문에 대표적인 증상들로 오지 않는 한 바로 진단하기 어려운 경우가 대부분이다. 의사의 역할은 무엇인가? 정확한 진단과 치료로 인간의 생명을 지켜야 하는 깃이 최우선 아닌가? 그런데 그 대전제부터가 두렵다. 어떻게 보면 신의 영역을 건드릴 수도 있는 것이어서 두려움이 없다면 거짓말이다. 이것을 잘 인식하지 못한 일반 사람들은 병에 관한 한 의사는 겁쟁이일 것으로 오인하곤 한다. 그래서 의사들은 더 두려워한다. 그러다보니 진단이 틀렸을까봐 혹은 치료가 적절하지 않았을까봐 자신을 보호하기 위한 설명이 앞선다. 진단이 내려지고 확률적으로 호전될 가능성이 높은데도 합병증이나 후유증을 자세히 설명하게 되고 이러다보면 의사의 친절한 설명이 오히려 환자를 더 불안하게 만들곤 한다.

결과적으로 환자와 의사 모두 두렵다보니 서로 불안해한다. 환자는 걱정으로 표현할 수 있지만 의사는 환자 앞에서 대놓고 걱정할 수 없으니 전문 지식의 설명으로 대신해 두려움의 티를 덜 낼 뿐이다. 두려움은 모든 인간이 보유한 가장 밑바닥 본성이다. 왜 두려움이 가장 깊숙이 존재하는 본능인지는 진화가 그것을 증명한다. 37억 년 전 광합성을 하는 원핵생물 시아노박테리아가 탄생하고 어류와 양서류, 곤충이 출현했으며 이어서 파충류와 포유류가 육지를 지배하기 시작했다. 200만 년 전 인류의 조상이 처음 나타날 때까지 억겁의 시간 동안 인간이 지닌 가장 우월한 표상 '두뇌'도 함께 진화해왔다. 인간의 뇌는 세 층으로 이루어져 있다. 가장 아래에 위치한 것은 후뇌로 호흡이나 심장 박동 같은 기본적인 생명 유지 기능을 담당하고 있어 '파충류의 뇌'라고 불린다. 중간에 위치한 것은 중뇌로 정보 전달 기능을 할 뿐만 아니라 감정 기능을 맡고 있는데, 감정을 표현하는 것은 파충류가 갖지 못한 포유류만의 고유 행동이어서 '포유류의 뇌'라고 부른다. 인간에게서는 변연계가 분노와 공포 그리고 슬픔과 기쁨 같은 감정의 기능을 맡고 있다. 가장 위쪽에 자리한 뇌가 전뇌인데 정보를 처리하고 상황을 판단하며 계획과 실행을 담당하는 '인간의 뇌' 즉 '이성의 뇌'다. 신경과학자 데이비드 린든은 인간의 뇌를 '3단 아이스크림콘'에 비유했다. 아이스크림을 얹을 때처럼 순서대로 후뇌가 먼저 생기고 다음에 중뇌가 만들어지며 마지막으로 전뇌로 진화했다는 의미다.[1] 두려움을 관장하는 뇌 부위는 변연계에 위치한 편도체다. 위기에 처하거나 무서운 상황에 부딪히면 편도체가 발화한다. 활성화된 편도체가 두렵다는 정보를 대뇌의 전두엽에 전해야 인간은 상황을 즉시 판단하고 다음 조치를 취하게 된다. 두려움이 없다면 인간은 살아가기 어려울 것이다. 높은 곳에서 그냥 뛰어내리고 불구덩이 속으로 몸을 던질 수도 있다. 두려움은 인간의 생명을 지켜주는 가장 밑바닥 본능이다. 두려움은 인간만의 것이 아니다. 파충류와 포유류는 적을 만났을 때 둘 중 하나로 반응하는데, 싸우거나 아니면 도망가기다. 두려움 앞에서 투쟁-도피 반응Fight or flight 은 동물의 기본적인 생존 반응이고 인간도 여기서 벗어날 수는 없다.

문제는 인간이 다른 동물과 비교해서 너무 똑똑하다는 것이다. 편도체 바로 뒤에는 해마가 있다. 해마는 기억의 뇌다. 즉 인간은 자신이 경험한 것을 기억으로 저장하는데 이것은 과거다. 그리고 편도체 앞에 있는 전전두엽은 미래를 예측한다. 다시 말해 편도체가 받은 두려움의 정보는 해마를 통해 전전두엽으로 가는데 인간이 과거의 경험을 기준으로 미래를 그리는 것은 바로 이런 뇌의 경로를 통해서 이루어진다. 매우 위험한 상황이 닥쳤다면 다른 동물처럼 인간도 투쟁 혹은 도피를 바로 결정지어야 하지만 약간의 여유만 있어도 인간은 생각하기 시작한다. 투쟁해야 하나 아니면 도피해야 하나를 여러 경우로 나누어 고민하고 분석한다는 의미다. 투쟁하려면 전전두엽이 편도체를 눌러야 한다. 그런데 흥미롭게도 인간은 그렇게 하기 어려운 동물이다. 물론 경험이 많이 쌓인 상황이라면 아무리 무서워도 투쟁을 택하겠지만 사람들은 묘하게 투쟁보다는 도피를 우선시한다. 지구상에서 가장 똑똑한 동물인 인간도 두려움 앞에서는 별수 없다. 최강의 무기인 전전두엽을 소유하고 있는데도 인간 진화의 역사를 살펴보면 왜 도망을 선호하는지 끄덕이게 된다. 200만 년 전 아프리카 초원 지대에서 우리 선조들 역시 맹수를 만나면 생명을 부지하기 어려웠을 것이다. 몇백 미터 전방에 있는 맹수의 모습을 보거나 혹은 맹수의 냄새를 맡았을 때 그것이 내 바로 앞에 다가올 때까지 기다릴 겨를은 없었을 테다. 생존 여부는 얼마나 빨리 도망가느냐에 달렸을 것이므로 도망이라는 찰

나의 결정을 실행함으로써 보상받았던 우리 선조들은 그 본능을 DNA에 남겨 번식을 이어나가게 했던 것이다.

그런데 200만 년은 수십억 년 지구상의 생명의 역사에서 아주 짧은 기간일 뿐이다. 요즘 같은 정보화 시대에는 어려운 일이 닥쳐도 도피만이 능사가 아님을 우리는 잘 안다. 지나보면 대부분 걱정할 필요도 없었다는 것을 깨닫는다. 이미 신의 영역을 침범하기에 이르렀다는 그 똑똑한 인간의 전전두엽은 시간이 흐르면서 더욱 진화할 것이다. 경험이 쌓이면서 인간은 과거의 실수를 되풀이하지 않을 것이며 도피보다 투쟁이 훨씬 더 유리하다는 사실도 알게 될 것이다. 200만 년은 상대적으로 짧은 기간이었고 앞으로 수천만, 수억 년이 흐른 뒤 인간이 여전히 지구의 지배자로 남아 있다면 전전두엽도 진화의 결과로 편도체를 쉽게 누르는 법을 터득해 도피 반응이 급격히 줄어들지도 모르겠다. 더 나은 인간으로 진화할 그때까지는 지금처럼 편도체가 꼬리인 주제에 몸통인 전전두엽을 흔드는 일이 다반사일 것이다.

투쟁보다 도피를 선호하는 인간은 다양한 도피 방법을 진화시켜왔다. 심리학적으로는 프로이트의 방어기제가 대표적인데 인간의 두려움에 대해 수많은 학자가 얘기한 인간의 대응 행동과 심리를 요약하면 다음과 같다. 본능적이든, 경험에 의한 것이든 아니든 두려움을 겪은 인간은 자신의 과거 경험, 즉 나쁜 기억을 바탕으로 미래에 또다시 유사한 일이 벌어지지 않도록 대비하는 데 집착하기 쉽다. 두려움과 손실에 취약한 인간은 가용성 휴리스틱availability heuristic(판단을 위한 시간과 정보가 불충분한 상황에서 빠른 의사결정을 가능케 해준다)에 잘 휘둘리고, 다시 손해가 발생할까봐 두려워서 편향된 기피 행동을 보이며 어설프게 개입하려고 한다. 인터넷이 없던 시절에는 정보가 전달되는 데 꽤 오랜 시간이 걸리고 정보의 범위도 제한되어 있었지만 지금은 하나의 키워드로 출발해 정보의 양과 범위가 끝없이 확대된다. 어떤 분야의 전문가가 아닌 일반인으로서는 유익한 정보도 찾겠지만, 그보다는 불리하고 무서운 정보를 쉽게 받아들인다. 그리고 자신이 검색한 정보를 맹신하면서 또 다른 두려움을 갖게 된다. 두려움을 피하기 위해 정보 검색을 시작했는데 결과는 더 큰 두려움과 자포자기다. 차라리 부딪혔어야 하는데 두려움 때문에 그러지 못하는 인간은 결국 두려움에서 벗어나지 못한 채 회피하는 방법을 찾고자 동분서주하게 된다.

두려움이 있기에 인간은 크게는 생명을 보존할 수 있고 작게는 실수를 안 할 수 있다. 모든 사람이 두려움에 떤다. 환자만 두려워하는 것이 아니라 의사도 두려워하는 것은 그래서 당연하다. 그리고 그 두려움은 대부분 미래의 잠재적 손실에 대한 두려움을 의미한다. 스마트한 인간은 어떻게든 손실을 피하는 데 자기 역량을 발휘한다. 그 모습이 겉으로 너무 많이 드러나면 타인의 눈살을 찌푸리게 만든다. 남들 모르게 '컨트롤'을 한 것 같지만, 나중에 보면 자신은 손실을 피하는 데 성공했더라도 가까운 사람이 그 손해를 짊어진 것을 누구나 알게 된다. 의료 분야에서도 자주 일어나는 일이지만 일반인은 잘 모를 때가 많다. 하물며 의료인도 그 사실을 모르고 지낸다. 내가 강의할 때마다 자주 하는 이야기를 소개한다. 이웃집 아이가 폐렴에 걸려 입원했다는 소식을 들은 엄마는 아들이 기침을 하자 깜짝 놀란다. '혹시 폐렴 걸린 거 아니야?' 하루를 기다려봤더니 기침은 더 심해지는 것 같고 아들에게 물어보니 목도 아프다고 한다. 직장에 다니고 있는 엄마는 갑자기 불안해진다. '애가 폐렴에 걸렸을 수도 있잖아. 그러면 입원해야겠네. 회사 일이 제일 많을 때인데 휴가 내면 부장님이 받아줄까? 며칠을 휴가 내야 괜찮을까? 폐렴이 심하면 어떻게 하지?' 걱정이 커진 엄마는 아이를 데리고 가까운 병원에 가서 의사를 만난다. 의사가 보기에 폐렴은 아니다. 그냥 목감기 같다. 엄마에게 설명하고 대증 치료만 하려는데 엄마가 안절부절못한다. "선생님, 잘 봐주세요. 폐렴 같지 않나요? 옆집 아이도 폐렴으로 입원했거든요." 사실 감기 증상에서 폐렴으로 진행되는 것을 의사가 막을 수는 없다. 그런데 엄마는 센 약을 써서라도 감기의 진행을 막고 싶어한다. 그런 엄마를 보면서 의사도 불안해진다. '정말 이러다가 이 아이가 폐렴으로 가면 내가 괜히 뒤집어쓰는 거 아니야?' 엄마와 의사 모두 걱정돼 두 사람은 암묵적으로 센 약을 쓰기로 합의한다. 센 약이 뭔가? 항생제다. 바이러스 감기에 항생제는 정말 필요 없는 약이다. 문제는 엄마와 의사가 각자의 손실을 기피하는 데 성공한 반면, 처방한 약을 먹는 사람은 두 사람이 아니라 바로 아이라는 점이다. 이렇게 항생제를 남용하다보면 이 아이가 자라서 항생제를 써야 할 중요한 순간에 내성 때문에 큰 피해를 입을 수도 있다. 어른들은 마음의 손해를 피할 수 있었지만 정작 그 피해는 가장 약한 사람이 뒤집어쓰게 된다. 이 짧은 이야기 안에 인간이 가진 '가용성 휴리스틱'과 '손실 기피' 그리고 '행동 편향'과 '어설픈 개입' 모두가 들어 있다. 이 책에 담긴 많은 내용이 자신의 미래를 '통제'하려고 하는 인간의 본능 때문에 의료가 얼마나 왜곡되고 있는지를 보여줄 것이다. 그 기저에는 '두려움'이 자리한다.

제1장

병원을 떠나는 의사,
환자와 같이 늙는 의사

모든 의사가 휴머니스트일까?

병원과 관련된 이 책을 영화 이야기로 시작하고 싶다. 「패치 애덤스」*는 의사로서 12년 동안 1만5000명이 넘는 환자를 무료로 진료한 헌터 애덤스라는 실존 인물의 의대 시절을 다룬 영화다. 헌터 애덤스는 구멍 난 곳 즉 상처를 치유한다는 의미로 패치Patch라는 별명을 얻는다. 어린 시절 그는 불행했고 자살 미수로 정신병원에까지 입원했지만, 그곳에서 다양한 환자를 만나면서 사람을 도와야겠다고 결심하게 된다. 2년간의 준비 끝에 버지니아 의과대학에 진학한 패치 애덤스는 전형화되고 경직된 의대 문화 안에서 좌충우돌하기 시작한다. 그의 꿈은 의사로서

---

* 국내 개봉명은 「패치 아담스」이지만, 국립국어원 외래어표기법에 따라 패치 애덤스로 표기한다.

그저 질병을 치료하는 것이 아니었다. 사람들의 정신적인 상처도 낫게 하는 것이 의사의 몫이라고 믿었던 그는 의대의 규율을 어기고 행동하게 된다. 의대에서는 보통 본과 3학년이 되어야 임상 실습에 들어간다. 요즘이야 학생들이 조기에 임상 실습에 노출되도록 교육과정이 바뀌고 있지만 영화의 배경이 된 1970년대 미국에서는 2학년까지는 환자를 볼 수 없다는 규정이 있었던 것 같다. 하지만 패치 애덤스는 이를 어기고 몰래 병원에 들어가 환자를 만난다.

소아 병실에서 어린 암 환자들을 만난 그는 자기 코에 빨갛고 동그란 고무를 붙인 뒤 피에로로 변신해 병으로 그늘져 있던 아이들 얼굴에 생기를 불어넣는다. 한 병실에서는 의사와 간호사에게 난폭하기로 소문난 어떤 환자에게 가슴으로 다가간다. 너무나 고약했던 그 환자도 패치에게만큼은 자기 마음을 연다. 의대 저학년 학생이 환자를 만나고 있다는 것을 알게 된 학교 측은 규정 위반을 들어 패치에게 경고를 내리지만 그는 아랑곳하지 않는다. 패치는 근교의 허름한 집을 개조해 동료들과 함께 궁핍한 이웃들에게 무료 진료를 하기 시작한다. 사실 이건 위법 행위다. 아직 의사 면허증이 없기 때문이다. 게다가 무료 진료소에 의약품이 떨어지자 패치는 병원에 들어가 약품을 훔치려고까지 한다. 결국 사회 관념을 위반하는 행동이 이어지자 학교는 그를 퇴학시킨다. 패치는 의사의 길을 포기할 수 없었기에 주립의학

협회에 제소했다. "모든 인간은 다른 이에게 영향을 줍니다. 왜 환자와 의사의 관계에서는 그걸 원치 않지요? 당신들의 가르침을 배웠고 그게 잘못됐다고 믿는 이유입니다. 의사의 사명은 환자의 죽음을 막는 것이 아니라 삶의 질을 향상시키는 것입니다. 그래서 병을 치료하면 이기기도 하고 지기도 하죠. 전 정말 의사가 되고 싶습니다. 다른 이들을 섬기기 위해 의사가 되고 싶었고 또 모든 것을 얻었습니다. 환자와 병원 직원들의 삶을 함께 나눴습니다. 이게 제가 하고 싶은 겁니다." 퇴학 결정을 내리는 위원회에 불려온 그는 이렇게 소신을 밝혔다. 회의가 끝날 무렵 강당 뒤로 한 무리의 사람들이 나타난다. 바로 패치가 찾아갔던 소아암 환자와 그 부모들이었다. 아이들은 곧 자기 코에 빨간 고무를 붙이며 미소를 지었다. 이 장면에 위원회는 아무 말도 하지 못했고, 패치의 눈가는 촉촉해졌다. 결국 패치는 의과대학을 졸업할 수 있었다. 책의 첫 부분에서 현실과는 간극이 있는 「패치 애덤스」를 곱씹어보는 이유는 의료 현실에서 휴머니즘이 점점 사라지고 있기 때문이다.

휴머니즘과 의료를 연결하려고 하면 대부분의 사람은 먼저 의료 봉사부터 떠올린다. 의료 비용을 감당 못 할 만큼 가난하거나 의료 혜택이 잘 닿지 않는 곳에 사는 이들에게 의료 봉사는 인간성의 회복 측면에서 고귀한 의미를 지닌다. 아프리카 빈민을 위해 평생을 바친 슈바이처 박사를 잘 알 것이다. 신학자이자

목사였던 그는 봉사의 큰 뜻을 품고 의사가 된 후 부인과 함께 현재의 가봉인 프랑스령 적도 아프리카에 가서 빈민들을 돌봤다. 때는 제1차 세계대전 중이었고, 독일 국적 보유자인 그는 프랑스군에게 포로로 잡혀 고국으로 송환됐지만 뜻을 접지 않고 전쟁 후 국적을 프랑스로 바꿔가며 다시 아프리카로 향했다. 그는 휴머니즘 의료를 봉사로 실현한 아이콘으로 남아 있다. 또 한 사람은 이태석 신부다. 영화 「울지마 톤즈」로도 잘 알려진 그는 의사 면허를 취득한 후 신학을 공부해 사제 서품을 받았다. 오랜 기간 내전으로 황폐해진 남수단으로 건너간 그는 병원을 손수 짓고 한센병 환자와 결핵 환자들을 돌봤으며 오지 마을을 다니면서 진료를 했다. 아이들을 위해 학교와 기숙사까지 지은 그는 건강검진에서 대장암 4기 판정을 받았는데, 이때도 담당 의사 앞에서 "톤즈에서 우물 파다 왔어요. 마저 다 해야 하는데……"라며 본인의 건강보다 두고 온 톤즈 사람들을 더 걱정했다고 한다. 암이 전이되어 2010년 47세를 일기로 선종했지만 그의 유지는 톤즈 출신의 한 청년이 이어나가게 됐다. 토마스 타반 아콧은 마을에서 이태석 신부를 도왔는데 그의 능력을 알아차린 이 신부가 한국에 가서 의학 공부를 하도록 권유했고, 토마스는 이 신부의 모교인 인제의대에 입학해 하루 3시간만 자면서 공부한 끝에 2018년 대한민국 의사국가고시에 합격했다. 현재 외과 전공의 과정을 밟고 있는 그는 전문의가 된 후 남수단으로 돌아가

봉사하겠다는 포부를 밝혔다. 휴머니즘은 이렇게 퍼진다.

진화의 역사에서 잘 설명되지 않는 인간의 이타적 행위는 이기적인 인간과의 경쟁에서 살아남으며 인간이 왜 존엄한지를 보여주는 징표가 되고 있다. 물론 봉사는 대체로 휴머니즘이 충만한 사람들이 찾는 고귀한 행위다. 의무로 하는 봉사도 있지만 그것은 예외다. 강요받지 않는 봉사의 밑바닥에는 자아실현이 깔려 있어 봉사를 할지의 여부는 개인의 결정에 달려 있다.

그럼 여기서 의사 입장에서 얘기해보도록 하겠다. 의사에게 휴머니즘은 필요충분조건인가? 휴머니즘이 없으면 의사가 되지 못하는가? 일반인들은 의사라면 당연히 휴머니스트일 것이라고 믿는다. 인간의 생명을 다루니 사람을 우선시하지 않기는 어렵기 때문이다. 그래서 보통 사람들이 의사에게 거는 기대는 높다. 하지만 의사들은 우리가 기대하는 봉사와 희생을 하염없이 행하는 이들이 아니다. 어떻게 보면 전문 직업인 중 하나일 뿐이다. 그러니 모든 의사에게 일반인들이 상상하는 휴머니즘을 요구하는 것은 무리다. 물론 의사가 되기를 원하는 이들은 대부분 휴머니즘을 갖추고 있다. 그렇지 않으면서 평생 환자를 치료하고 생명을 살리는 직업을 선택하기는 어려웠을 것이다. 내가 말하려는 바는 의료 봉사를 하지 않는 의사라고 해서 휴머니즘이 없다고 말할 순 없다는 것이다. 좀더 광범위한 휴머니즘 의료가 존재한다. 패치 애덤스도 무료 진료를 오래 했지만 그보다는 헌신하기까지 그가 품고 있었던 생각과 자세를 살펴보는 것이 더 중요하다.

내가 생각하는 휴머니즘 의료란 현실에서 이루어지는 의료 체계에서 거짓이 없고 통찰이 보이는 의료다. 여기서는 환자가 수단이 되지 않고 의사도 도구로 이용되지 않는다. 환자와 의사 모두 스스로 만족할 수 있는 의료를 말한다. 둘 사이의 지식 격차가 워낙 큰 탓에 자칫하면 갑을 관계로 흐를 수 있어서 전문성에 관한 이야기는 배제해야 한다. 그야말로 인간의 존엄성이 처음부터 끝까지 인정될 수 있어야 한다는 것이다.

세상이 돌아가는 데 시스템은 중요하다. 이게 없으면 대혼란이 온다. 패치 애덤스는 사람을 옥죄는 의료 시스템을 혐오했지만, 시스템을 부수려고 했던 것은 아니다. 그가 우리에게 던진 질문은 '시스템이 왜 이렇게 엉망인가요'가 아니고 '우리가 놓치고 있는 게 있지 않나요'일 것이다. '놓친 그것'들은 우리 눈에 잘 띄지 않는다. 그렇다고 우리가 모르진 않으며, 알면서도 놓친다. 누구는 바쁘다고, 누구는 위험할 수 있다고, 또 누구는 별거 아니라고 말하면서 애써 무시하는 것들이다. 이것은 입장을 바꿔놓고 보면 듣는 이에게는 아무리 사소한 일이었어도 마음을 할퀴고 눈물을 쏟을 수도 있는 사건이 된다.

영화에서 내가 꼽는 패치 애덤스의 가장 멋진 장면은 환자를 보면 안 되는 학생 신분으로 몰래 의사들의 회진을 따라 돌면서 벌인 그의 돌출 행동이다. 그는 흰 가운을 입고 회진하는 의사와 레지던트들의 뒤를 따른다. 병실에는 한 여성이 누워 있었다. 앞에서 의사가 설명을 시작한다. "이 환자는 당뇨병으로 인해 다리 피부에 괴사가 생겼다." 그러자 한 전공의가 물었다. "골수염은 있습니까?" 치료에 관한 대화가 오가고 다리 절단이라는 용어마저 나오자 환자는 겁에 질린 표정을 짓는다. 이때 일행 뒤에서 질문이 나왔다. "이 여성분의 이름은 무엇입니까?" 패치의 목소리였다. 환자의 병은 알아도 이름을 모르는 의사는 당황했다. 그 환자의 이름은 마조리였다. 어색해진 일행 사이에서 패치가 환자에게 웃으며 말을 걸었다. "안녕하세요, 마조리."

슈바이처 박사가 노벨상 시상식에 참여하려고 기차로 이동하고 있었다. 그를 취재하려던 기자들이 기차에 올라타 일등칸에 갔지만 슈바이처는 없었다. 이등칸에서도 발견되지 않았다. 삼등칸에 가보니 슈바이처가 사람들을 진찰하고 있었다. 한 기자가 물었다. "박사님, 왜 삼등칸에 계시는 겁니까?" 슈바이처의 답은 누구도 예상치 못한 것이었다. "이 기차에는 사등칸이 없네요." 그리고 이어진 그의 말에서 기자들은 슈바이처의 휴머니즘 의료를 간파할 수 있었다. "저는 편안한 곳을 찾아다니는 게 아니라 제 도움이 필요한 곳을 찾아다닙니다. 일등칸에 있는 분들은 저를 필요로 하지 않거든요."[1]

토마스 아콧이 의과대학을 졸업하는 날이었다. 사람들로 꽉 찬 그곳에서 졸업생들이 가족과 사진을 찍는 모습이 보였다. 한국에서는 졸업 사진을 촬영할 때 가장 고마운 분에게 학사모를 씌우는 풍습이 있다. 대부분은 부모님께 씌워드린다. 토마스는 자신에게 아버지 같았던 이태석 신부를 떠올렸다. 신부는 이미 이 세상 사람이 아니었기에 토마스는 이태석 흉상이 있는 기념관을 찾았다. 곧 학사모를 벗어 흉상의 머리에 조심스레 올려놓고 그는 눈물을 흘리기 시작했다.[2]

사실 휴머니즘은 하나다. 그런 의사들을, 혹은 그와 반대되는 의사들을 이 책에서 만나보려 한다.

인턴 두 명은 왜 근무 첫날 그만두었을까?

어느 날 나는 모 의과대학 학생에게 메일을 받았다. 겨울방학 때 내가 전공하는 파트에 와서 공부해보고 싶다는 내용이었다. 이는 대부분의 의과대학 커리큘럼에 있는 프로그램으로, 타대학병원에서 임상 실습을 깊이 경험해보는 것이다. 마다할 이유가 없기에 환영한다는 답장을 보냈고 그해 겨울 그 학생은 실습을 시작했다. 내 외래에는 딱히 질병은 없는데 복통, 구역, 구토를 호소하는 아이가 많이 온다. 예민한 아이들은 과거에 겪은 나쁜 일이 미래에 또 생길까봐 두려워하며 그 상황을 어떻게든 피하려고 한다. 배가 심하게 아팠거나, 대변 문제로 창피를 당했거나, 토할 정도로 음식이 싫었다면 비슷한 일이 일어날까봐 무서워하는 것이다. 어른들 눈에는 그 회피 행동이 이상해 보이거나 심하면 질병으로 여겨져 아이를 병원에 데리고 온다. 이렇게 된 데에는 집안 환경도 한 가지 요인으로 작용한다. 부모까지 걱정이 많은 유형이라면 아이의 생각을 더 옥죄어 부모와 아이는 서로 증상 이야기를 계속하는 악순환에 들어선다. 여기에 의사들의 진료도 의학 지식 중심으로 이뤄지는 바람에 어떤 검사 결과 약간의 이상 소견만 나와도 질병으로 확진하며 굳이 약을 먹이는 경우도 허다하다.

2주 동안의 실습 기간에 이런 환자들의 사례에 숨어 있는 본질을 볼 수 있도록 그 학생에게 심리학, 철학, 경제학 등의 여러 이론을 알려주며 배우게 했다. 학생은 흥미를 보였다. 기존 의과대학에서 배우지 못한 것이었고 약 없이, 게다가 검사도 별로 하지 않으면서 환자를 진료하는 모습이 그에게는 인상적이었던 듯하다. 몇 달 후 온 메일에는 학교에서 큰 상을 받았다는 소식이 적혀 있었다. 학생들이 각자 여러 병원에 실습 나갔다가 보고서를 제출했는데 자신이 대상을 받았다는 것이다. 제목은 '소아과 외래에서의 심리학'이었다. 그 학생은 졸업 후 내가 근무하는 병원의 인턴이 되었고 이듬해 소아청소년과 전공의로 합격했다. 가장 기뻐한 사람은 물론 나였고, 그 학생, 아니 전공의는 성실히 전공의 과정을 수행했다. 전공의 1년차 과정은 상상도 못 할 만큼 힘들다. 매일 잠도 제대로 못 자고, 삶과 죽음의 경계를 넘나드는 환자를 보면서 의사로서 엄청난 스트레스를 받는다. 그래도 그는 열심히 자기 일을 했고, 나는 그의 얼굴이 어두워져가는 것을 알아차렸지만 그리 대수롭지 않게 여겼다. 1년차 과정 중 몇 개월이 지났을 때 갑자기 그가 병원을 떠나겠다고 하는 말을 들었다. 곧 사직서가 제출됐다. 모두 놀라며 그 이유를 궁금해했지만 그의 속마음은 아무도 알지 못했다. 소아청소년과가 힘들어서일까? 인격적인 모욕을 당한 것은 아닐까? 그렇게 그가 우리 병원을 떠나자 나는 자책했다. '소아청소년과를 권한 것은 나였지.'

코비드 19 사태가 우리 일상을 괴롭히던 어느 해, 내가 근무하는 병원에서 7명의 인턴이 그만두었다. 그해처럼 우리 병원에서 인턴의 사직이 많았던 해는 없었다. 코비드 사태가 그들을 떠나게 했을까? 그 사유를 살펴보면 그게 이유가 아님은 확실하다([표 1]). 가장 먼저 눈에 띄는 7명의 공통점 하나는 매우 빠른 시간 안에 병원을 그만두었다는 사실이다. 특히 두 명은 발령 하루 만에 사직서를 냈다. 다른 두 명은 한 달 안에, 나머지 세 명 역시 두 달을 못 채우고 병원을 떠났다. 병원 인턴은 보통 한 달 간격으로 근무 과를 바꾼다. 그러니까 1년 동안 12개 정도의 과를 돌아볼 수 있는데, 네 명은 첫 달 근무지에서 사직을 결정했고, 다른 세 명은 두 번째 근무지를 돌다가 사직한 것이다. 자신이 일할 전공 과를 결정하는 데 인턴 근무는 중요한 경험이 된다. 학생 때부터 전공할 과에 대해 어느 정도 마음을 굳히기도 하지만 대체로는 인턴 때 각 과를 돌면서 자신과 맞는지 마지막 결정을 하는 것이다. 인턴을 관리하는 병원 부서에서는 사직서를 제출하는 인턴과 면담을 한다. 사유를 듣고 마음을 바꿀 수 있는 부분이 있다면 설명하고 설득하려는 것이다. 7명과의 면담을 통해 나온 주된 이유는 [표 1]과 같았다. 건강 문제가 세 명, 부적응이 두 명, 그 외 가정사가 한 명, 해외 전공의 시험 합격으로 인한 퇴직이 한 명이었다.

건강상의 이유를 든 경우부터 살펴보자. 각자의 건강이 어땠는지는 자세히 알 수 없지만 병원 인턴 일을 견디기 어렵다는 내용임에는 틀림없다. 내가 근무하고 있는 병원은 대형 병원이

[표 1] 사직한 인턴의 개인 사유

연번	발령 월일	퇴직 월일	사유
1	3월 1일	3월 1일	부적응
2	3월 1일	3월 2일	부적응
3	3월 1일	3월 중순	건강 문제
4	3월 1일	3월 말	해외 전공의 합격
5	3월 1일	4월 말	건강 문제
6	5월 1일	6월 중순	건강 문제
7	5월 1일	6월 중순	가정사

다. 중환자가 많고 응급 상황도 계속 벌어지는 곳이어서 쉴 틈이 별로 없으며 수면 시간도 부족해 웬만한 의지력으로는 버티기 힘들다는 데 동의한다. 하지만 그러한 건강 문제를 가지고 있었다면 본인이 애초에 인턴을 지원할 때 이 병원을 선택해서는 안 되었다. 의대 졸업 후 충분히 휴식을 취하며 건강을 회복하고 다음 해에 지원하거나, 업무 강도와 양이 상대적으로 덜한 병원에 지원서를 냈어야 했다. 본인은 이 정도일 줄 몰랐다고 변명하겠지만 사실 대형 병원의 인턴이 얼마나 힘든지는 입소문으로 다 나 있다.

부적응을 이유로 댄 두 명은 특이하게도 모두 근무 하루 만에 사직을 결정했다. 부적응의 의미는 광범위해서 이것 역시 각자의 속마음을 들여다보지 않는 한 헤아리기 어렵지만, 짐작해 보자면 두려움이 그 원인이 아닐까 싶다. 거대한 병원 조직에서 받는 압박감이 컸을 것이고, 의대를 졸업했지만 환자를 직접 치료해본 실전 경험이 없는 데서 오는 자신감 결여는 스스로를 더 위축되게 만들었을 것이다. 그중 한 명은 색다른 변명을 했다. 이 병원에서는 지방의 여러 병원에 인턴을 파견하기 때문에 본인으로서는 적응할 수 없다고 한 것이다. 대형 병원에서는 전국의 중형 병원들과 협력 계약을 맺고 인턴 수련을 하면서 파견을 보낸다. 사실 대형 병원의 본원에서 일하는 것이 더 힘들고 지방의 병원에 파견 가는 것은 오히려 많은 인턴이 선호하는 선택지다. 게다가 이 인턴은 다른 파견 병원에 대한 경험도 없으면서 근무 첫날 그런 핑계를 대며 사직했으니 말의 앞뒤가 맞지 않았다. 물론 이 두 사람의 진심을 알기는 어렵지만 포인트는 이들 역시 대형 병원 인턴으로는 처음부터 어울리지 않았다는 사실이다. 근무를 시작한 지 한 달도 아니고 하루 만에 퇴직을 결정한다는 것은 상식 선에서 상당히 이례적인 사건이다. 전공이 달라서 혹은 보수에 대한 불만으로 바로 퇴직하는 사례는 주변에서 가끔 듣지만 의대를 졸업하고 대부분이 병원에서 인턴을 하게 되는 의사직으로서는 모든 면에서 공평하기 때문에 사뭇 낯선 상황이었다. 부적응이라기보다 두려움이 얼마나 컸기에 그런 결정을 내렸는지 한편으로는 의아했고 또 한편으로는 공감이 가며 안타까운 마음이 들었다. 그래도 결론적으로는 두 사람 또한 처음부터 이 병원에 지원하지 말았어야 했다.

2020년 잡코리아는 퇴직 경험이 있는 약 2300명을 대상으로 퇴사 사유에 대한 설문조사를 했다. 흥미로운 결과가 있었는데, 퇴사했던 직장인 중 52.1퍼센트 즉 둘 중 한 명은 퇴사하는 진짜 이유를 숨겼다는 사실이다. 퇴사한 직장인들이 사직서에 써넣은 가짜 퇴사 사유로는 1위가 일신상의 이유, 2위가 건강 등 개인적인 핑계였다. 더 구체적이고 정확하게 퇴사 사유를 적어낸 사람은 21퍼센트였다. 진심을 밝히도록 유도한 추가 설문조사 결과, 숨겨진 퇴사 사유 1위는 상사나 동료와의 갈등이었다. 2위는 조직 문화가 자신과 맞지 않는다는 것이었고 직급에 대한 불만이 3위, 일과 개인 생활의 불균형이 4위, 그리고 복리 후생에 대한 불만, 적성과 맞지 않는 직무, 어두운 회사의 비전이 뒤를 이었다.[3]

직장인의 절반은 퇴사할 때 속마음을 밝히지 않는다는 이 조사를 병원 인턴의 퇴직 사유와 비교해보자. 물론 잡코리아의 조사에는 얼마 만에 직장을 그만두었는지가 표기되지 않아 정확한 비교를 하기는 어렵지만 일신상의 이유나 건강 문제를 이유로 댐으로써 본심을 숨기려 했던 모습은 유사하다. 그런데 큰 차이가 있다. 우리 병원의 인턴 모집 인원은 125명이고 그중 7명이 사직한 것으로, 모두가 적응도 하지 못한 매우 빠른 시기에 직장을 떠난 것이다. 이들의 직업은 의사다. 여기에는 일반 직장인들의 퇴직 사유로는 설명되지 않는 무언가가 존재한다. 육체적으로나 정신적으로 힘든 직업인 의사도 물론 근무 도중에 사직할 수 있다. 의학 저널에도 왜 의사들이 중간에 그만두는지에 대해 조사한 논문이 이미 여러 편 있다.

미국의 피나클 헬스 그룹이 기고한 「의사가 사직하는 다섯 가지 이유」라는 글에서는 첫 번째 이유가 의사의 자율성 침해다. 끊임없이 쏟아지는 요구와 규율에 의사들은 번아웃되기 마련이다. 두 번째는 과도한 업무량과 당직 호출이다. 개인과 가족의 생활이 중시되는 현대사회에서 이제는 봉급을 많이 준다고 해도 의사들은 초인적인 근무를 거부한다. 세 번째 이유는 독한 의료계 문화와 미약한 리더십이다. 사직의 의미를 곰곰이 살펴보면 의사가 의사직을 떠나는 것은 아니다. 리더를 떠나는 것이다. 열린 소통의 부재가 문제라는 의미다. 네 번째로는, 당연하겠지만 더 나은 커리어를 쌓기 위해 떠난다. 마지막 이유는 보상이다. 이는 월급 문제라기보다 의사는 자신의 가치에 대한 보상을 요구한다는 것이다. 자신이 인정받지 못하고 있다고 느끼면 떠날 준비를 하는 것이다.[4] 또 다른 조사도 있다. 미국의 한 지역사회에서 활동하는 의사로서 의사와 의대생의 자살 예방 프로그램을 운영하는 패멀라 위블은 전공의 과정에서 그만두는 이유의 첫 번째로 자신이 극단적으로 압도당하고 있다는 느낌을 들었다.[5]

결국 젊은 의사가 중간에 사직하는 가장 큰 이유는 남에게 인정받지 못한다는 것으로, 그 의견에 대해서는 고개가 끄덕여진다. 뛰어난 지능 지수를 가진 데다 늘 성실하며 상상하기 어려운 양의 의과대학 공부도 다 이기고 올라온 그들이기에 더 공감된다. 그런데 근무를 시작하며 하루 만에 사직서를 낸 이 병원의 경우와 비교해보면 잘 이해가 되지 않는다. 하루라는 시간 동안 자율성을 침해받은 경험이 얼마나 많았을 것이며 타인에게 압도당한 일이 얼마나 자주 있었을까? 한 달여 만에 사직한 경우도 마찬가지다. 자신이 인정받지 못했다고 느끼기에는 너무 짧은 기간이다. 다시 말해 앞서 언급한 외국의 조사로도 설명되지 않는 이유가 있는 것이 분명하다. 겉으로 드러나지 않았을 뿐이다. 그들에게는 의사로서의 소명의식이 결여되어 있다. 소명의식이란 의료인의 프로페셔널리즘을 말한다. 히포크라테스도 언급했던 바로 그 내용이다. "내 능력과 판단에 따라 나는 환자에게 도움이 된다고 생각한 처방을 따를 뿐 환자에게 해를 끼칠 수 있는 처방은 절대로 따르지 않겠다."[6]

여기에는 두 가지 중요한 의미가 함축되어 있다. 하나는 의사 자신의 결정에 따른다는 것이고 다른 하나는 진료를 환자 편에서 고려하겠다는 것이다. 사실 두 표현은 서로 부딪친다. 앞의 것은 의사 자신의 입장을 대변하는 반면, 뒤의 것은 환자의 입장을 언급한다. 이는 일종의 천칭과 같아서 한쪽이 기울면 다른 쪽은 올라가게 되어 있다. 만날 수 없는 영원한 평행선이라는 의미일까? 그런데 그렇지가 않다. 만일 둘 사이가 이해 상충 관계를 의미하는 것이라면 누구도 진정한 의료인이 될 수 없다. 의사의 입장과 환자의 입장이 가까워지고 서로를 충분히 이해할 수 있을 때 의사의 소명의식은 성숙한다. 뒤이어지는 히포크라테스 선서는 그런 의미를 명확하게 밝히고 있다. "내가 어떤 집을 방문하든지 오로지 환자를 돕는 일에만 힘쓸 따름이고, 고의로 어떤 형태의 비행을 일삼거나 피해를 끼치는 일은 절대로 저지르지 않겠으며, 특히 노예든 자유민이든 신분을 가리지 않을 뿐만 아니라 남자든 여자든 성별을 구분하지 않고 모든 환자의 신체를 능욕하는 일이 없도록 하겠다." 환자의 집을 방문하는 것은 의사의 판단이지만 그 목적이 환자를 위하는 데 있고, 환자가 원하지 않는 일은 의사 마음대로 행하지 않겠다는 것이다.

의료인의 전문성은 한마디로 휴머니즘에 기반한 올바른 자기 결정권의 행사에 있다. 2000년이 지나도록 그 의미가 흐려진 적은 없다. 환자 입장에서 볼 때 의사의 소명의식은 의사라는 직업을 선택하는 데 있어 가장 기본적인 요소다. 능력이 출중할 뿐 아니라 환자를 고려하는 마음이 앞서면서 천칭의 균형을 맞출 수 있는 사람이 의사가 되어야 한다. 전문직의 꽃이고, 남들의 존경을 받으며, 경제적 풍족이 보장된다는 이유만으로 의사가 되어서는 안 된다. 균형감을 잃는 순간 남들이 볼 때는 무시할 수준의 소소한 외부 환경 요인 하나로도 직업의식은 무너져 버린다. 그러고는 사직서를 쉽게 던진다. 소명의식은 그래서 중요하다. 사실 우리가 잘 아는 대표적인 직업 모두에 적용된다.

근무를 시작한 지 하루 만에 부적응을 이유로 들어 사직한 인턴 두 명에게 의사로서의 소명의식은 없었다. 개인의 사정을 감안해야 하지 않느냐고 항변하겠지만 그들이 맡아야 할 병동에서 3월의 나머지 30일 동안 인턴의 진료 활동을 외면당한 수많은 환자에 대한 생각을 조금이라도 해봤을까? 못 하니까 나간 것이다. 자신은 다른 곳에 취직해서 디 나은 생활을 하겠다고 마음먹었겠지만, 자기 입장만 고려한 그들은 아마 그곳에서 또 다른 불협화음을 냈을지도 모른다. 그런데 환자와 남은 동료들만 피해를 본 것이 아니다. 그들 때문에 이 병원에 오고 싶어했던 다른 7명이 처음부터 들어오지 못한 게 더 큰 문제다. 개인의 잘못된 판단으로 인해 겉으로 드러나지 않는 피해자를 양산해낸 책임은 도대체 누가 져야 할까? 중간에 의사직을 그만둔 이유는 아무리 조사해도 결국 위에서 언급한 정도의 내용만 나오게 되어 있다. 보통은 사직 이유를 묻는 설문지에서 '당신은 의사로서의 소명의식이 있었나요?'를 묻지 않기 때문이고, 묻는다 해도 형식적인 답변에 그칠 것이기 때문이다.

소아청소년과를 그만둔 1년차 전공의의 뒷얘기를 우연히 들었다. 그 전에 과내 사정을 잘 아는 사람으로서 나는 그의 사직 이유를 나름 생각해본 적이 있다. '아마 중환자를 앞에 둔 불안감도 견디기 어려웠을 것이고 자기 아이만 챙기는 까다로운 부모들과의 관계도 힘들었을 거야. 쉴 틈 없이 이어지는 당직과 수면 부족이 그를 패닉 상태로 몰아갔을 수도 있겠지.' 실제로 들려온 주변의 이야기는 달랐다. 그는 성격도 좋고 맷집도 강했기에 그런 정신적·육체적 스트레스는 충분히 감당할 수 있었다고 한다. 다만 1년차 전공의로서 의욕이 앞섰는데 지식과 경험 면에서 윗사람들의 지도를 계속 받으며 지시 사항만 이행하다보니 자괴감과 좌절을 자주 느낀 것 같다는 이야기였다. 즉 패치 애덤스처럼 스스로 결정하고 시행하는 것을 못 하게 하는 바람에 실망해서 그만두었을 가능성이 높다는 말이다. 아마 진심이었을 것이다. 해외 연구에서도 자기 결정권의 결여가 의사의 대표적인 사직 이유이지 않았던가? 환자를 생각하는 마음이 강해도 자신의 판단과 결정이 동반되지 않을 때 소명의식은 흔들릴 수 있었을 것 같다. 그래도 그가 패치 애덤스처럼 주어진 상황에 부딪혀보면서 눈앞의 어려움을 극복했다면 더 좋았겠다는 생각이 들 뿐이다. 패치 애덤스도 분명 두려웠을 것이다. 두려움의 반대말은 용감함이 아니라 믿음이다. 자기 신념을 지키고 따를 때 두려움은 사라지는 법이다.

125명의 인턴 중에서 이 7명을 제외한 나머지는 모두 사고 없이 1년의 인턴생활을 잘 마치고 자신이 원하는 과의 전공의 과정에 지원했다. 새로운 허들이 앞에 놓였고 그들 중에 누가 전공의를 하는 과정에서 사직할지 아직 모른다. 그래도 중환자가 넘쳐나는 대형 병원에서 의사로서의 첫 관문을 통과한 이들에게 축하와 격려를 보낸다. 소명의식이 충만한 의사는 마음 깊은 곳에 휴머니즘을 기본으로 다져놓고 있다. 그리고 이런 의사를 통해 국민은 행복해진다.

소아청소년 크론병 환자는 성인이 되면 내과로 가야 할까?

나는 소아청소년과에서 소화기와 영양 관련 질환을 가진 환자를 진료하고 있다. 소화기 질환을 영어로는 Gastro-Intestinal Disease(위장관병)라고 하기 때문에 병원에서는 우리 파트를 간단히 '소아 GI'라고 부른다. 늘 환자의 입장을 강조하는 데다 검사도 많이 하지 않고 투약 없이도 치료를 하기에 우리 팀의 별명은 '휴먼 GI'다. 물론 내가 지은 것이지만 일단 네이밍을 하고 나니 목표의식이 더 강해져서 그 틀에 맞추려는 노력을 계속 하게 된다.

내가 전문적으로 진료하는 분야는 소아청소년기의 만성 염증성 장 질환이다. 크론병과 궤양성 대장염으로 대변되며 난치성 희귀 질환에 속한다. 아주 서서히 진행되는 염증성 장 질환은 진단하는 데 오래 걸릴 뿐만 아니라 치료도 아주 어렵다. 생명에 위협을 주지는 않지만, 소장과 대장에 생기는 염증성 궤양이 결국 협착이나 천공으로 이어져 수술까지 가는 환자가 많아 발병 초기의 치료가 중요하다. 처음부터 장의 협착이 오는 것은 아니다. 소아청소년기에 발병할 때는 장벽이 주로 염증 단계에 있고 항문 주변으로 치루와 누공 등이 나타나며 복통과 설사가 동반되고 체중이 감소하는 것이 특징이다. 이때 치료가 적절히 이뤄지지 않으면 긴 시간이 흘러 성인이 되었을 때 결국 장이 터

지거나 협착이 온다. 완치되는 사례가 매우 드문 질환으로 알려져 있다. 그렇다보니 한번 환자가 되면 10년 이상 병원에 다녀야 한다. 소아청소년기에서는 주로 10대에 발병하기 때문에 나한테는 중고등학생 환자가 많이 온다. 요즘은 초등학교 저학년생의 발병이 늘고 있기도 하다. 환자에게 주사 혹은 복용 약물을 투여하며 치료를 시작하는데, 개인별로 약물 모니터링과 맞춤 치료를 하기 때문에 어떤 환자는 약물을 줄여가기도 하고 어떤 환자는 치료 반응이 미약해서 하염없이 장기간 약물 투여를 하기도 한다. 그러다보니 약을 계속 사용하는 환자는 외래를 주기적으로 방문해야 한다. 다른 한편 반응이 너무 좋아 모든 약물을 끊는 경우도 생기는데 이런 환자도 재발에 대한 추적 검사를 위해 계속 병원에 다녀야 한다. 그러니 10대 초반에 처음 나와 만난 환자도 치료를 받다보면 금세 18세가 되어버리는 것이다.

요즘 우리나라에서 내과와 소아청소년과의 연령 구분은 대체로 18세로 본다. 자, 그렇다면 이제 성인이 된 소아청소년기 발병 환자들은 어느 과에서 치료해줘야 할까? 그동안 정들었으니 1~2년 더 보다가 내과로 보내야 하나, 아니면 18세 생일을 기준으로 바로 내과로 보내야 하나? 만성 혹은 난치성 질환을 앓는 환자들이 흔히 겪는 문제다. 이렇게 소아청소년과에서 성인 내과로 옮겨가는 것을 '이행transition' 과정이라고 부른다. 사람은 누구나 소아에서 청소년 그리고 성인으로 자라기 때문에 의학에서는 이 과정에 대한 연구도 활발하게 이루어지고 있다.

2011년 발간된 미국소아과학회의 '이행' 가이드라인에 따르면 소아 환자가 12세가 된 이후에는 학회가 제시하는 알고리즘을 따르도록 권고한다. 12~13세, 14~15세, 그리고 16~17세가 되면 어떤 접근을 해야 할지 순서대로 나열했고 18세가 되면 성인 의료 모델로 이행할 것을 기술해놓았다.[7] 2018년에는 '헬스케어 이행의 6개 핵심 요소 3.0'이라는 프로그램이 완성되면서 이행 과정에서 소아청소년과, 가정의학과, 내과 의사가 수행해야 할 항목이 제정되었다.[8] 소아청소년기의 만성 환자에게 성인 진료 모델로 이행하는 과정을 알려주는 것은 매우 중요하다. 누구나 나이 들어 학업을 마치고 직업을 가지며 또한 살던 집을 떠나 새로운 가정을 꾸리듯이 만성 환자에게도 진료 이행 틀이 마련됨으로써 미래를 예측하도록 해야 한다. 의료진이 마땅히 수행해야 할 과제라는 것에 반대할 명분은 전혀 없다. 그런데 나는 거꾸로 하고 있다. 10대에 진단 내리고 돌보던 크론병과 궤양성 대장염 환자들을 20대가 된 후에도 성인 내과로 보내지 않는다. 심지어 30세가 되어도 계속 진료하고 있다. 몇 명은 이미 결혼도 해 자기 자녀를 안고 온 환자도 있었다. 그러면 나는 소아청소년과 의사로서 이행 의무를 저버리고 있는 불량 의사인가?

60대 할머니가 소아청소년과 외래 대기실에 앉아 있다. 누가 봐도 손주를 병원에 데리고 온 보호자 같다. 그런데 할머니 옆에 아이가 없다. 결과만 들으러 오셨을까? 곧이어 이름이 불리고 할머니가 '네' 하며 진료실로 들어간다. 그 진료실 문에는 소아청소년 심장 전문의 이름이 붙어 있다. 할머니는 손주의 결과를 들으러 온 것이 아니었다. 본인의 진료 때문에 온 것이었다. 맞다, 할머니는 선천성 소아 심장병 환자였던 것이다. 성인 선천성 심장병GUCH(Grown Up Congenital Heart) 클리닉이라고 태어날 때부터 심장병을 가진 어른을 진료하는 외래가 있다. 일찍이 영국 임페리얼 칼리지의 심장학 교수인 제인 소머빌은 1960년대부터 활발하게 시행된 선천성 심장병 수술을 한 성인에 대한 전문적 치료 개념을 확립하며 이 분야의 개척자가 되었다. 성인 심장학에서 보기 어려운 소아기 선천성 심장병은 심장내과에서 진료받는 것보다 소아청소년과 의사가 전문적으로 추적 관찰하는 것이 환자한테 크게 도움이 된다. 우리나라에서도 최초의 심장절개 수술은 1956년 세브란스 병원에서 홍필훈 교수에 의해 이루어졌다. 첫 환자는 승모판 협착으로 고생하던 20대 남자였지만 이듬해 홍 교수는 활로사징증이라는 희귀한 선천성 심장병을 앓고 있는 소아의 수술에 성공했고, 1960년대 들어 우리나라의 개심술도 큰 발전을 이루었다. 그러다보니 심장 수술이 잘 된 환자들이 이제는 손주를 보는 나이가 된 것이다. 그리고 여전히 환자로서 소아청소년과에 다닌다.

1940년대 브루클린 병원 산부인과 과장이면서 미국 부인과 학회 회장을 지낸 로버트 디킨슨 박사는 예술적인 자질이 뛰어나 여성을 다각도로 관찰하면서 스케치해 신체 유형과 동작의 연관성을 연구해왔다. 그는 당대의 유명한 조각가 에이브럼 벨스키와 협업해 1만5000명의 젊은 여성으로부터 수집한 신체 치수 자료를 바탕으로 각 부분의 평균값을 산출한 뒤 이를 토대로 '노르마'라는 여인의 조각상을 만들어냈다. 클리블랜드 건강박물관에 전시된 이 조각상은 '이상적인 여성상'으로 알려지면서 인체의 완벽한 전형으로서 유명세를 타기 시작했다. 열풍이 절정에 이를 무렵에는 『타임』지에 소개되기도 했고 TV 다큐멘터리로 다루어지면서 일반인들에게는 노르마가 자신의 체격을 비교해보는 기준이 되기도 했다. 곧 지역 신문사와 클리블랜드 건강박물관 및 클리블랜드 의과대학과 교육위원회 주최로 흥미로운 대회가 열렸다. 바로 전형적 여성상인 노르마와 신체 치수가 가장 유사한 여성을 뽑는 대회였다. 사람들은 참가자의 대부분이 평균 치수에 근접하면서 밀리미터 단위로 아슬아슬하게 승부가 갈릴 것으로 예측했는데 막상 대회가 열리자 그 예상은 완전히 빗나갔다. 9개 항목의 치수 중에서 5개만 한정했는데도 평균치에 근접한 참가자는 3800여 명 중에서 40명도 채 되지 않았다.[9] 평균 체격의 여성은 이 세상에 존재하지 않았던 것이다. 사람의 신체 치수는 개인별로 다를 수밖에 없다. 누구는 하체가 더 튼튼하고 누구는 상대적으로 머리가 크다. 아름다움과 균형을 추구하는 인간에게 다양성이 무시되는 순간 평균은 일종의 함정이 되어버린다.

평균이라는 단어는 다양한 해석의 여지를 낳는다. 사람에게 있어서 평균이라는 개념은 대체로 중간값이라는 느낌을 주지만, 경우에 따라서는 그것이 목표일 수도 있고 아니면 최소값이 되기도 한다. 노르마 조각상처럼 우월한 미인이 되기 위해 노르마의 부분별 평균값을 자신의 목표로 삼고 여기에 도달하려고 애쓰는 사람도 있을 것이다. 또한 어떤 이들에게는 최고의 성과를 내려고 작업하는 과정에서 원하는 대로 되지 않을 때 아무리 못해도 남들이 하는 평균 정도는 해야 한다는 최소값의 의미를 내포하기도 한다. 평균이 중간값이 되건 목표가 되건 아니면 최소값이 되건 간에 평균값을 좇을 때 사람들이 마음의 위안을 얻는 것은 분명해 보인다. 위안을 받는 이유는 아마 '평균이면 최소한 손해는 아니다'라는 믿음을 가지고 있기 때문일 것이다. 같은 금액이라도 이득을 얻을 때보다 손해를 보는 것에 더 예민해 손실을 회피하는 데 늘 전전긍긍하는 인간의 심리는 평균을 향해 달려가는 우리의 행동을 잘 설명해준다.

다시 GUCH 클리닉으로 돌아와보자. 제인 소머빌은 남들이 일상적으로 수행하는 일에서 평균의 반대편을 보았다. 똑같은 기준을 적용하지 말아야 할 다양성을 알아차렸으며, 노르마 조각상의 예처럼 표준화 시스템을 통해 안심하려는 인간의 심리를 거부했고, 상황 맥락의 다름을 인정해 과거의 틀에서 벗어날 수 있었다. 성인 선천성 심장병 클리닉은 그러한 통찰에서 시작됐으며 결국 그 혜택은 환자에게 돌아갔다. 소아청소년 염증성 장 질환 환자를 진료하면서 나도 같은 의문이 들었다. 왜 18세가 되면 모두 성인 클리닉으로 보내야 할까? 의사의 관점이 아니라 환자 입장에서 어떤 게 그들을 위하는 길일까? 남들이 하는 대로, 즉 평균적인 생각대로 따르는 게 뒤탈이 없을 테니 나 또한 고민이 많았다. 가장 큰 고민은 환자에 대한 책임의 범위를 어디까지 설정해야 하는가였다. 이 사안은 의사 개인별로, 조직별로, 그리고 사회와 국가의 관점별로 모두 다른 답이 나오게 되어 있다. 합의를 이루기는 어렵겠지만 어렴풋이 감은 잡힌다.

기업이 있다. 그 기업의 사회적 책임의 범위는 어디까지일까? 이익을 극대화하는 것이 기업의 본질이지만 공공의 복지를 증진하는 책임도 져야 한다. 의료는 기업보다 더 공공성이 강조된다. 사회적 책무성은 다른 어떤 직업보다 높다고 봐야 한다. 그렇지만 의사인 내가 보기에, 내 가족도 아닌 환자를 끝까지 책임질 수는 없다. 분명히 책임의 범위는 상황과 맥락에 따라 내 가족과 타인 사이의 어디쯤 위치할 것이다. 의사마다 그 기준점이 조금씩 다를 뿐이다. 그에 대한 판단은 의사가 하지 못한다. 환자가 할 것이다. 또한 조직이나 사회가 답을 줄 것이다.

시작이 언제였는지는 기억나지 않는다. 오래전 내가 보던 몇 명의 소아청소년 염증성 장 질환 환자가 18세가 되어갈 때 성인 소화기 내과로 보내야 한다는 생각은 했지만 나는 그렇게 하지 않았다. 환자도 나한테 내과로 가야 하는지 묻지 않았고 나도 성인이 되었으니 다음부터 내과로 가라는 말을 굳이 하지 않았다. 환자들도 나를 믿었던 것 같고 나 또한 그들을 계속 도와주고 싶었다. 돕는 것과 책임지는 것은 엄연히 다른 의미지만 내가 혼동했음에는 틀림없다. 내 무의식이 일부러 그랬는지도 모르겠다. 환자와 의사 사이에 신뢰가 쌓여 있는 상황에서 나는 갑자기 그 틀을 깨지 못했던 것 같다. 규칙은 지키는 게 아니라 만드는 것이라고 했던가. 어느덧 내 환자들이 20대에 들어서기 시작했다. 내가 환자를 스무 살이 넘어서도 보겠다는 규칙을 특별히 만든 적은 없지만 어쩌다보니 그게 규칙이 되어버렸다. 어느 날 내가 근무하는 병원에서 초진의 성인 염증성 장 질환은 소화기 내과에서 보고 소아청소년 환자는 내가 계속 진료하도록 된 것이다. 그러자 일단 환자와 보호자들이 좋아했다. 대학생이 된 환자의 어머니가 물어왔다. "언제까지 우리 애를 봐주실 거예요?" 내가 되물었다. "성인 내과로 보내드릴까요?" 그러자 어머니가 정색한다. "아니요. 계속 봐주시면 좋겠습니다." 소아청소년 염증성 장 질환 환자를 성인 선천성 심장병 클리닉처럼 나이 들도록 계속 내가 진료하는 것에 대한 최대 장점은 신뢰다. 의사를 믿고 의지하는 환자와 환자를 믿고 치료에 임하는 의사 양쪽 모두에게 신뢰는 커다란 힘이 된다. 어떤 의사가 한 소아 환자를 10년간 봤다고 해보자. 성인 연령이 되고 환자의 병에 관한 역사를 꿰뚫고 있는 의사를 떠나 새로운 내과 의사에게 가라고 통보받은 환자의 마음은 어떨까? 대부분 불안하고 두려울 것 같다. 물론 시간이 흘러 서로에게 익숙해지면 문제없겠지만 그렇게 되기까지 환자가 겪어야 할 마음고생은 겉으로 잘 드러나지 않는다. 오롯이 환자의 몫이다. 만약 성인 크론병 진료의 대가가 있어서 내가 10여 년간 봐오던 염증성 장 질환 환자를 걱정 말고 본인에게 맡기라고 한다면 나는 이렇게 말할 것 같다. "의사는 병을 보지 말고 사람을 봐야 합니다." 10년은 정말 긴 시간이며 그것이 의무 기록에 다 나와 있다고는 해도 순간순간을 통찰로 느끼고 진료에 적용하는 문제에 있어서는 새로운 의사가 오랜 의사를 따라갈 수 없다고 생각한다.

물론 성인이 된 환자를 내과로 보내지 않을 때는 단점도 있다. 다시 말해 내과로 이행되면 이득도 있다는 말이다. 크론병 환자를 예로 들자면 시간이 흐름에 따라 장의 협착이 발생할 확률이 높아지는데, 협착을 치료하는 내시경 술기는 소화기내과 의사가 전담하고 있고 소아청소년과 의사들에게는 이 경험이 없다. 그런데 이 문제는 소화기내과 의사와 협업으로 해결할 수 있다. 소아청소년 환자에게서도 협착이 발생하면 협착 부위 확장술은 내과에 의뢰한다. 내가 일하는 병원에서는 협진 체계가 잘 잡혀 있어 소화기내과에 부탁하는 것이 불편하지 않다. 소아 청소년과의 약점을 소화기내과가 필요에 따라 적기에 보완해주고 시술이 끝난 다음에도 두 과에서 외래를 동시에 보기 때문에 결과적으로 환자에게는 더 이득이 될 수 있다. 소화기내과의 도움이 절실한 또 한 가지 경우가 있다. 염증성 장 질환 환자는 정상인보다 대장암이 발생할 가능성이 높다. 소아청소년과 의사는 대장암 진료 경험이 짧아 대장암 초기를 발견해내는 데 취약하다. 이 문제는 환자가 일정한 연령에 이른 뒤 내과 외래를 같이 방문하게 해 정기 검진을 병행함으로써 해결할 수 있다. 그러다 보면 환자가 내과 의사와도 가까워져 미래에는 자연스럽게 내과로만 다닐 수도 있을 것이다. 물론 그 결정은 환자가 한다. 자기 결정권이 동반된 진료는 환자가 후회하지 않게 만들어준다.

이렇게 나의 휴먼 GI 팀은 평균적으로 남들이 하던 것을 따르지 않는다. 나는 같이 일하는 후배 교수에게 환자를 이행한다. 반대 방향의 이행이다. 그리고 다른 병원과 차별된 시스템으로 환자를 본다. 진단 초기에 입원할 때부터 우리는 환자와 보호자에게 다음과 같이 알려준다. "여기는 타병원과 다르게 처음에 제 외래로 찾아왔다고 해서 제 환자가 되는 것은 아니고요, 우리 팀 환자가 되는 것입니다. 저랑 동료 교수의 외래를 합치면 월요일부터 금요일까지 모두 있습니다. 다음 방문 때 어느 외래에 와도 상관없습니다. 모든 정보는 공유되고 우리는 한 팀으로 환자를 봅니다. 외래 방문 스케줄이 잘 안 맞을 때 아무 때로든 변경할 수 있어서 아주 편할 겁니다." 언젠가 내가 정년 퇴임을 하면 내 환자는 나를 떠나야 한다. 하지만 자세한 병력을 모르는 의사가 아니라 그동안 서로를 잘 알던 후배 교수가 이어서 봐주니 환자의 두려움은 없어진다. 그렇게 후배 교수도 내가 밟은 길을 가게 되는 것이다. 선천성 심장병 수술의 선구자인 홍필훈 교수는 2004년 별세했다. 하지만 그가 진료했던 환자들은 아직도 건강하게 살고 있을 것이며 GUCH 클리닉에서 그의 제자들이 지금도 진료를 하고 있을 것이다.

패치 애덤스의 이야기로 돌아가보겠다. 그가 우리에게 던지는 질문의 요지는 간단하다. 누구 입장에서 진료가 이루어져야 하는가이다. 인간은 누구나 자기 입장에서 자기 이득을 위해 사고하고 행동하는 것이 당연해 이것을 비난하는 게 오히려 이상하다. 그렇지만 인간의 생명을 다루는 의료에서만큼은 접근 방법이 달라야 한다. 의료인의 관점에서 환자를 바라보지 말고 환자 입장에서 환자에게 집중하는 진료가 이루어지도록 의료인의 마음가짐은 준비되어야 한다. 어떻게 보면 쉬울 것 같은데 현실에서는 이것만큼 어려운 일도 없다. 인간의 태생적 한계인 두려움으로 인해 우리는 스스로를 먼저 보호하도록 진화했기 때문이다. 그래서 의사가 환자를 우선시하라는 히포크라테스의 선서를 수만 번 되뇌어도 막상 실제 상황에서는 자신이라는 범주를 벗어나서 행동하기 어려운 것이다. 의대생에게 가르쳐야 하는 의학 교육이 점점 더 어려워지고 있음을 나는 현장에서 뼈저리게 느낀다. 그래도 의사의 소명의식에 대한 교육을 포기할 수 없기에 나는 오늘도 학생이 참여하는 수업과, 병원 외래나 병동에서의 실습 시간에 의학 지식보다 인문학적 관점을 목이 쉬도록 강조하는 중이다.

고등학교 때 크론병 진단을 받아 나랑 인연을 맺은 지 12년이 넘은 환자가 있다. 정규 추적 검사를 위해 외래를 방문한 어느 날 이 환자가 가방에서 주섬주섬 무언가를 꺼내 내 앞에 내밀었다. 가운데에 은색 스티커가 붙어 있는 하얀 카드 봉투였다. "아, 설마?" 그의 근황을 잘 알고 있는 내가 눈을 동그랗게 뜨고 묻자 겸연쩍은 표정으로 그가 답했다. "네, 맞습니다. 교수님, 저 결혼해요." 그는 벌써 서른 살이 넘어 있었다. "와우, 그때 그 친구야?" "당연하죠 교수님." 그런 걸 왜 물어보냐는 그의 표정에 나는 함박웃음을 지었다. 짧은 진료 시간이었지만 몇 분을 더 할애해 우리는 추억거리를 깔깔 웃으며 나누었다. "아차, 우리 크론병 얘기도 해야지? 흐음, 오늘도 혈액과 대변 검사 소견이 정상이네." 우리 안중에 병은 이미 없었다. 잠깐이나마 그의 눈가에서 그동안 고생했던 추억을 떠올린 듯 촉촉함이 스쳐가는 걸 봤을 뿐이다.

제2장

소음에만 반응하는 환자,
현상에만 반응하는 의사

정보는 신호와 소음으로 이루어져 있다

조금 어려운 이야기로 시작해보겠다. 과학 분야에서 어떤 가설이 나타나고 이것이 면밀한 관찰을 통해 반증되면 그 가설은 포기된다. 그리고 또 다른 가설이 등장해 그 분야를 이끄는 과정이 반복된다. 관찰과 실험에 의한 혹독한 반증을 견디고 살아남은 가설은 결국 과학 이론으로서의 지위를 확보하게 된다. 진리로 향하는 길은 실수와 착오의 위험을 감수해야 하고 추측과 반박이라는 시행착오를 겪어야 종착역에 다다를 수 있다. 우리는 이것을 '비판적 합리주의'라고 부른다. 칼 포퍼가 이름 붙인 이 비판적 합리주의의 핵심은 독단을 배제하고 비판의 가능성을 열어둔다는 점에 있다. 사고 능력은 단지 비판적 사고를 가능하게 하는 지적인 능력을 말하는 것인 반면, 사고 성향은 공정하고 유연하면서 열린 태도를 지향하는 것을 말한다. 포퍼의 비판적 합리주의 관점에서는 사고 능력보다 사고 성향의 중요성을 더 강조한다.[1]

현대에 와서 이 비판적 합리주의 사상의 본질이 점점 퇴색하는 듯해 우려된다. 정보사회에 들어서면서 사람들은 갑자기 많은 정보를 얻을 수 있게 됐다. 예전에는 책이나 강의 혹은 매스컴에서 정보를 얻었지만 이제는 인터넷과 유튜브를 통해 어디서든 수많은 지식과 이야깃거리를 접할 수 있다. 이러한 정보를 빠르게 전하는 사람들이 주목을 받기 시작했고 거기서 이익을 얻는 개인이나 집단이 생겨났다. 정보를 설파함에 있어서, 이것이 아직 과학에서 이야기하는 가설 수준인데도 불구하고 반증 과정을 거치기도 전에 힘을 얻기 시작하면 오히려 비판과 반박이 검증과정대에 오르는 정반대 결과로 이어지기 일쑤다. 즉 정보를 가진 사람이 어느 날 권력을 쥐는데, 더 큰 문제는 그것을 자신의 지적 사고 능력과 동일시한다는 데 있다. 사고 능력의 우월함을 지향하다보니 상대적으로 비판적 사고 성향의 향상은 뒷전으로 밀리게 마련이다. 단순한 사고의 기술만 습득하는 데 급급한 우리는 그래서 종종 큰 실수를 저지른다.

2009년 전 세계를 공포로 몰아넣었던 신종 인플루엔자 팬데믹 감염을 기억할 것이다. 당시 세계보건기구WHO에서 인플루엔자 경보 수준을 레벨 4로 올렸고, 한국에서도 사망자가 속출

하며 학교 휴교령까지 내리게 만들었던 이 바이러스는 인플루엔자 바이러스 A형 H1N1 아종의 변종이다. 지금은 백신과 먹는 치료제가 있어 큰 걱정 없이 매년 같이 살아가는 풍토병처럼 됐지만 이전에는 인류에게 엄청난 위협을 가했던 아픈 기억으로 남아 있다. 한 사건으로 인해 단기간에 대규모 사망자가 발생하는 일로 어떤 것들이 있을까? 아마 가장 먼저 전쟁이 떠오를 것이다. 『삼국지』의 나라 위·촉·오의 전쟁에서 추정되는 사망자는 3000만 명이 넘는다. 몽골이 유라시아 대륙을 정복할 때도 3000만 명 이상이 사망한 것으로 알려져 있다. 하지만 이 두 사건은 100년 이상이라는 워낙 긴 기간에 걸쳐 벌어진 일이므로 단기간으로 따지자면 제1차 세계대전의 2500만 명 사망이 더 큰 피해를 준 사건이다.[2] 이를 능가하는 또 하나의 전쟁이 있으니, 바로 제2차 세계대전이다. 역시 단기간에 약 5500만 명의 사망자를 초래해 가히 인류 역사상 가장 끔찍한 전쟁으로 기록될 만하다. 그런데 독감 하나로 이들 전쟁 때보다 더 많은 사람이 죽었다면 상상이나 되겠는가? 그것도 2년이라는 짧은 기간 동안 말이다.

1918년과 1919년 사이 전 세계 인구의 약 3분의 1이 감염되고 인구의 4퍼센트인 7000만 명이 사망한 이른바 스페인 독감은 팬데믹 전염병이 얼마나 무서운지를 진정으로 보여준 어마어마한 사건이었다. 세계적인 팬데믹으로서 사실 스페인과는 상관없었던 스페인 독감이 바로 인플루엔자 A형 H1N1 바이러스 질환이다. 1976년 2월 미국 포트 딕스의 어느 젊은 육군 병사가 피곤함과 기운 없음을 호소하다가 행군 도중 쓰러져 사망했다. 사인은 폐렴이었다. 곧 전염된 동료들이 입원하기 시작했고 미국 질병통제예방센터에서는 돼지 인플루엔자가 원인이라고 발표했다.[3] 이제는 신종 플루로 알려진 이 돼지 인플루엔자 역시 A형 H1N1 바이러스다. 집단생활을 하는 군대에서 젊은 병사를 죽음으로 내몬 것이 H1N1 바이러스라는 사실이 알려지자 미국의 전염병 관계자들은 바짝 긴장했다. 얼마 안 가 대규모 독감 유행이 있을 거라는 불안감이 미국 대륙을 휩쓸었다. 당시에 10년 주기로 독감의 대유행을 경험해온 미국은 1976년이 그해가 될 것임을 직감하고 있었다.

당시 대통령은 제럴드 포드였다. 국민에게 우유부단하다는 평을 듣고 있던 포드의 고민이 시작됐다. 게다가 보건부 장관인 데이비드 매슈스가 1918년 당시 스페인 독감으로 인한 미국 내 사망자 수를 훌쩍 뛰어넘는 100만 명 사망을 예상하고 나오자 포드는 결단을 내릴 수밖에 없었다. 곧 상상을 뛰어넘는 백신 접종 계획이 발표됐다. 2억 명분의 백신을 생산하고 전 국민 백신 접종 프로그램을 시행하도록 지시한 것이다. 언론은 이것을 도박이라고 표현했다.[4] 1억8000만 달러가 들어가는 초대형 국가 프로젝트였기 때문이다. 포드는 자신의 선택을 믿었고 상하원에서도 포드의 제안에 압도적인 찬성으로 화답했다. 그런데 세상은 예상과 다른 모습을 보이고 있었다. 미국에 여름이 오면 남반구에는 겨울이 찾아온다. 즉 독감은 겨울에 창궐하기 때문에 남반구에서 독감에 관한 소식이 들려와야 하는데 어디서도 H1N1의 징후는 없었다. 세계보건기구를 비롯한 의학 관련 단체와 매스컴에서 대규모 접종 사업에 대한 의문을 제기하기 시작했다. 이때도 포드 정부는 과장된 위협이었다고 인정하지 않고 오히려 더 강도 높게 홍보하며 정책을 밀어붙였다. TV에서는 건강한 사람이 독감으로 죽어가는 광고가 정기적으로 등장했고, 8월에는 불량 백신으로 인한 사고가 나면 그 책임을 제약회사가 아닌 정부가 지겠다는 발표가 나왔다. 그러나 사람들은 이 발표를 백신이 안전하지 않다는 의미로 받아들였다. 정부는 전 국민의 80퍼센트가 접종하기를 원했지만 그해 여름의 여론조사를 보면 국민의 절반이 접종을 거부하고 있었다. 10월이 되어 백신 접종이 시작되자 부작용에 대한 소동이 일어났다. 미국의 여러 지역에서 접종한 노인들이 사망했다는 보도가 나온 것이다. 백신이 노인들의 사망에 직접적인 원인이 됐다는 증거는 없었지만 국가가 주도하는 접종 사업에 대한 불만은 계속 커졌다.[5] 늦가을에는 더 큰 사건이 벌어졌다. 백신을 접종한 사람 중 약 500명이 길랑-바레 증후군이라는 희귀 질환에 걸린 것이다. 길랑-바레 증후군은 감염이나 백신 접종 후에 몸에서 만들어진 항체가 자신의 말초신경을 공격해 하지부터 마비 증세가 오는 병이다. 대부분 특별한 치료 없이도 회복하는 병이긴 하지만 전문가들의 백신 접종 중단 요구에 결국 포드 정부는 12월에야 전 국민 대상 접종 프로그램을 중단했다. 모든 게 헛수고로 끝났고 『뉴욕타임스』는 한 칼럼에서 '돼지 인플루엔자 낭패Swine flu fiasco'라는 자극적인 제목으로 정부의 실수를 나무랐다.[6] 백신 프로그램 실패 때문이었다고 확증할 수는 없지만 그해 11월 미국 대통령 선거에서 포드는 지미 카터에게 패한다.

포드 대통령과 정부는 분명히 많은 정보를 가지고 있었다. 전문가들의 도움도 받았을 것이며 일반인으로서는 캐내기 어려운 대량의 사실들도 수집했을 것이다. 이 분야의 전문가들과 함께 정보를 모아 분석하고 연구해 백신 접종 프로그램을 만들었을 텐데 왜 이런 실수를 저질렀을까? 본질적 관점에서 보면 그들은 사고 능력이 우월했어도 비판적인 사고 성향에서는 뒤떨어졌을 가능성이 높다. 그들만의 리그에서 결론 내린 '집단 사고'와 그들만이 옳다고 주장하는 '확증 편향'은 그렇게 탄생했다. 지적인 사고 능력은 충분했을지 몰라도 실천에 있어서 필요한 비판적 사고는 부족했던 것이다. 정보는 신호와 소음으로 이루어져 있다. 정보의 홍수 시대에 정확한 신호보다는 쓸데없는 소음이 점점 더 늘어날 게 자명하지만 이 둘을 구분해내는 것은 정말 어렵다. 누구에게는 신호인 것이 누구에게는 소음일 수도 있다. 다시 말해 누가 봐도 신호인데 결국 소음으로 귀결되기도 한다. 과거의 데이터로 국한해서 살펴보자. 우리가 얻을 수 있는 과거에 대한 정보의 자료는 한정적일 수밖에 없다. 대부분은 어떠한 상황의 결과만 기록에 남아 있으며, 과정이 기술되어 있더라도 주요 부분만 남아 있지 그 사이사이의 과정, 즉 맥락은 생략되어 있기 쉽다. 맥락을 모르는 상태에서 꺼내든 정보는 아무리 정확해 보이는 결과였어도 신호보다 소음으로 끝날 확률이 높아지는 것이다.

인플루엔자 A형 H1N1 바이러스는 2009년 또다시 '신종 플루'라는 이름으로 악명을 떨치게 된다. 당시 H1N1 팬데믹 데이터는 수북이 쌓여 있었지만 사람들은 정보를 모아놓고도 예측을 잘못하는 실수를 반복했다. 2009년 4월 중순 미국 캘리포니아에서 10세 남아가 확진되고 곧 멕시코에서 854명의 폐렴 환자와 59명의 사망자가 집단 발생하자 전 세계는 이 상황에 촉각을 곤두세웠다.[7] 특이한 점은 2009년 멕시코에서 발표한 H1N1의 증례 치명률은 매우 높았던 반면에 미국의 치명률은 극히 낮았다는 것이다. 겉으로는 의료 시스템의 차이가 이런 결과를 빚었을 것으로 판단하겠지만 많은 부분은 통계의 잘못 때문이기도 했다. 멕시코에서는 다른 종류의 독감이나 질병으로 사망했어도 H1N1 사망자로 몰아가는 경향이 있었다. 후에 검증해보니 사망자의 4분의 1만이 H1N1의 특성을 가지고 있었다. 또한 멕시코는 미국과 비교해 감염병의 보고 체계가 정교하지 않았다. 사람들은 증상이 있어도 병원을 찾지 않았고 이로 인해 아마 정부에 보고되지 않은 감염 건수는 상상을 초월하는 수치일 수도 있었다. 멕시코의 H1N1 치명률이 실제로는 아주 낮았을 가능성이 있다는 의미다. 미국 보건 당국이 H1N1의 팬데믹을 인지하기 전에 이미 멕시코에서는 모종의 바이러스 질환이 전국을 휩쓰는 중이었을 것이다. 미국에서 처음 H1N1 환자가 확인되자 정부는 곧바로 최고 수준의 대응에 나섰다. 최악의 상황을 우려하는 예측이 쏟아졌고 고강도의 대응 체계가 작동하기 시작했다. 사람들은 두려움에 휩싸였지만 다행히 멕시코의 발표와 다르게 치명률은 극히 낮았다.[8] 돌이켜보면 미국은 1976년의 H1N1 발병은 전국에 퍼지지 않았음에도 대규모 백신 접종 프로그램을 동원해 과잉 대응했고, 2009년에는 인접 국가인 멕시코에서의 선행 감염 사실을 놓쳤을 뿐만 아니라 실제로는 치명률이 낮은데도 불구하고 지나치게 높은 대응 정책 기조를 유지했다는 점에서 결과적으로 예측에 실패했다.

주어진 정보를 가지고 미래를 예측하는 것은 쉬워 보일지 모르나 현실에서는 결코 그렇지 않다. 그 이유로는 크게 세 가지가 있다. 첫째, 아무리 정보가 충분하다고 여겨도 자신이 못 본 부분은 영원히 정보가 될 수 없기 때문에 보이지 않는 것을 보지 못하는 인간은 죽을 때까지 한계에 갇혀 있다. 둘째, 신호와 소음으로 이루어진 정보에서 올바른 신호만 골라내는 능력이 있다면 거의 신의 경지에 이르는 것일 텐데 우리 인간은 그렇지 못하다. 소음은 늘 매력적이어서 혹하기 마련이다. 마지막으로 일의 모든 경과에 다 관여할 수 없는 인간은 겉으로 드러난 결과만으로 판단하려는 경향이 강하므로 빠진 경과, 즉 맥락을 온전히 파악하지 못하는 상황에서 최선의 결정을 내리지 못한 채 중간에 만족하고 만다.

지적 사고 능력이 뛰어난 사람은 지식과 겉으로 보이는 현상에 잘 몰입한다. 하지만 사고 성향이 뛰어난 사람은 그 지식과 현상이 왜 그렇게 되었는지를 더 알고 싶어한다. 현대 의학의 발전은 전자보다 후자에 의해 주도되고 있지만 실제 의료 현장에서는 전자가 꽤 많아 이로 인해 알게 모르게 국민이 피해를 입고 있다.

아토피 피부염에는 비타민 D가 좋다?

대부분의 대형 병원에서 전공의들은 일도 하지만 피교육자의 신분으로 교육도 받는다. 대표적으로 저널 리뷰라는 피교육 시간이 있다. 의학 저널에 발표된 흥미로운 논문을 요약해 발표하고 담당 교수가 전공의와 다른 분야의 교수들을 대상으로 질의 응답을 하는 시간으로 보면 된다. 어느 날 발표된 논문 제목이 내 흥미를 불러일으켰다. 아토피 피부염에서 비타민 D의 역할에 관한 내용이었다. 결론은 이랬다. 체내 비타민 D 농도가 낮은 군에서 아토피 피부염 유병률이 높으므로 비타민 D를 투여하면 아토피의 호전에 도움이 된다는 내용이었다. 발표를 들으면서 '이건 아닌데'라는 생각이 들었다. 바로 인터넷 검색을 시작했다. 비타민 B와 아토피 피부염의 관계를 찾아봤더니 비타민 B12 크림을 바르면 아토피 호전에 도움을 준다고 되어 있었고, 비타민 C와의 관계를 검색했더니 비타민 D 논문과 유사하게 아토피 피부염 환자에게서 비타민 C 농도가 낮게 나온다고 기술되어 있었다. '그렇다면 주요 비타민 모두가 아토피 피부염과 관련된다는 말이잖아?' 오기가 생겨 몇 가지를 더 찾아봤다. 우리가 먹는 미네랄이 부족하면 아토피가 심해지고, 아토피 피부염 환자들은 뼈의 미네랄 농도가 떨어진다는 보고를 읽으면서 허탈감이 들었다. 손을 들어 발언권을 요청했다. 그리고 내가 검색한 내용을 알려준 다음 이렇게 물었다. "그럼 뭐든 골고루 잘 먹으면 되지 왜 비타민 D만 콕 집어 더 주라는 것인가요?" 내 질문을 들은 담당 교수는 당황한 듯했다. "아, 그게……." 다시 논문의 내용을 반복하는 교수의 얼버무림 때문에 나도 모르게 쓴웃음이 나왔다. 지식이라고 해서 다 같은 지식인 것은 아니다.

나온 김에 비타민 D 얘기를 좀더 해보자. 우리나라에서 질병으로 인한 사망 원인 1위는 물론 암이다. 국회 보건복지위원회 자료에 따르면 2020년 신규 암 환자는 170만 명으로 이 중 암으로 인한 사망은 약 8만 명에 이른다고 한다. 단순한 계산으로 매일 4600명이 넘는 암 환자가 발생하고 있다는 말이다.[9] 이렇듯 주변에서 드물지 않게 볼 수 있는 암 발생에 대한 두려움으로 인해 우리는 나이 들수록 암에 대해 촉각을 곤두세우게 된다. 물론 암을 예방하는 방법에 대한 관심도 더 커질 수밖에 없다. 암을 예방하는 식습관을 비롯해 스트레스를 줄이는 법과 운동에 이르기까지 셀 수 없을 만큼 많은 정보가 인터넷에 돌아다닌다. 생활 패턴을 바꾸는 것이 어렵고 운동에 투자할 시간조차 없다면 우리는 소위 간편한 암 예방법에 끌리기 쉽다. 대표적인 것이 영양제 복용이다. 항산화 작용을 하는 수많은 영양제가 암 예방을 기치로 내세워 시중에서 팔리고 있고 그중에는 암세포에 독성을 보인다는 비타민 D도 눈에 띈다. 학계에서는 비타민 D가 암 예방에 도움을 주는지에 대해 뜨거운 논쟁이 있어 왔다. 1999년 장기간의 추적을 통해 보고한 한 연구에서는 그렇지 않다는 결론이 내려졌다. 2006년과 2007년의 연구에서는 비타민 D가 암 발생 위험률을 각각 50퍼센트와 77퍼센트까지 감소시킨다고 발표했다. 그리고 2008년에는 다시 아니다라는 결과가 나왔다.[10] 자, 어느 의견이 옳을까? 2005년 세계적인 임상의학 저널 『뉴 잉글랜드 저널 오브 메디신』에 발표된 한 연구를 보면 우리가 주로 사용하는 약물들의 40~75퍼센트에서 효과가 없었다. 개인마다 약물에 대한 반응이 다르기 때문이다. 효과가 있다는 연구 결과는 단지 평균값을 보여준 것에 불과하다. 효과와 부작용은 개인별로 커다란 편차를 보인다.[11] 같은 저널의 다른 연구를 보면 더 흥미롭다. 2008년 미국의 연구자들은 미국식품의약국FDA으로부터 총 1만2564명의 환자가 등록된 12개 항우울제의 임상시험 자료를 분석해 깜짝 놀랄 만한 결과를 발표했다. 74개의 항우울제 임상시험이 있었는데 그중 23개는 발표되지 않았다. 그리고 23개 중에서 22개는 효과가 없다는 결론을 낸 연구였다.[12] 어떤 새로운 약물이 등장해 효과가 있다고 홍보할 때 우리는 그걸 믿는다. 정확하게 설계된 공식적인 임상시험을 거쳤기 때문이다. 하지만 똑같은 원리로, 효과 없음으로 판명난 잘 설계된 공식 연구는 발표되지 않는다면 우리는 어떤 표정을 지어야 할까? 일반인들이 신호와 소음을 구분 짓기도 전에 전문가들이 자기들만의 잣대로 어느 부분을 소음이라고 정의내려 없앤 순간 우리에게 있던 신호 역시 저절로 소음으로 변화됨을 우리는 어떻게 받아들여야 하나? 학생 때부터 수학에 재능이 있어 수학을 전공하고 싶었지만 의사 부모의 뜻을 받아들여결국 의사수학자가 된 존 이오애니디스는 연구 결과들이 거짓일 확률을 계산하는 분야를 전공한 것으로 유명하다. 세계적으로 가장 권위 있는 의학 저널에 많은 연구 논문을 실은 그는 이렇게 일갈한다. "자료에 근거해서 볼 때, 많은 과학 분야에서 발표된 연구들은 오류일 가능성이 있습니다. 아마 대다수 연구가 그럴 것입니다."[13]

앞서 언급한 비타민 D 이야기 중 비타민 D와 아토피 피부염 논문 발표 사례는 보이는 것만 보는 우리의 문제점을 지적한 것이고, 뒤에 이어진 비타민 D와 암 예방 사이의 오락가락한 결과 예시는 보이지 않는 것을 보지 못하는 인간의 한계를 꼬집은 것이다. 사실 두 예시는 같은 의미다. 보이는 것만 본다는 것은 보이지 않는 것을 못 보는 것과 동일하다. 보이는 것만 보는 시야 사고, 아는 범위 안에서만 해결하려는 지식 사고, 그리고 더 나아질 수 있는데도 불구하고 중간에서 멈춰버리는 만족 사고는 우리 인간이 가진 사고의 한계점이고, 이로 인해 우리는 또 하나의 대표적인 실수를 저지른다. 제비가 낮게 날면 곧 비가 온다는 이야기를 들은 적이 있을 것이다. 이것은 마치 제비가 낮게 나는 것이 선행 원인이고 비가 오는 것이 결과라는 뜻으로 오인된다. 실제는 비가 오기 전에 습도가 높아져 곤충의 날개가 무거워지기 때문에 낮게 나는 곤충을 잡으러 제비가 땅에 가깝게 나는 것이다. 사람들은 대부분 앞뒤로 연결된 사건을 두고 앞을 원인으로, 뒤를 결과로 판단한다. 그 사이에 빠진 과정은 자기 시야 밖에 있있기 때문에 고려 대상이 되지 못한다. 가족과 친구 사이에서, 직장이나 사회 관계에서 이 같은 오해는 수없이 발생하고,

그에 대한 상대방의 설명에 의해 곧바로 혹은 한참 후에 진실이 밝혀진다. 확실한 것은 가해자인 누군가가 나쁜 마음으로 맥락을 빼버리고 원하는 것만 오려 붙이기를 해버리면 피해자는 꼼짝없이 당한다는 것이다. 상관관계는 인과관계가 아니다. 서로 연관되어 있는 것들에서 원인과 결과를 구분 짓고 싶어하는 인간의 본성은 이해되지만 정도가 지나치면 미치지 못한 것과 마찬가지다. 겉으로 보이는 몇 가지 증거나 정보로 어떤 중요한 결과와 진리를 모두 설명하지는 못한다. 맥락을 놓쳐 버릇하면 잦은 낭패를 보게 된다. 실수를 지적받으면 성찰하기보다 많은 사람은 골대를 옮겨 자기주장을 관철하려는 또 다른 실수를 저지른다. 세상에는 비타민 D가 부족해도 아토피 피부염에 걸리지 않는 사람이 훨씬 더 많다.

복통으로 응급실에 가면 변비로 진단되는 이유

다음은 모 신문에 실린 아이 변비에 관한 기사다. 기사 제목은 '아이 구토에 놀라 응급실 갔더니 변비라고?'였다.

5세 남아를 키우는 주부 A씨는 아이가 열·감기 증상이 없었는데 갑자기 구토 증세를 보여 응급실을 찾았다가 변비라는 뜻밖의 진단을 받았다. 복부 X선 촬영 결과 장 속에 대변이 가득 차 있어 더부룩함 때문에 구토 증세가 나타났다고 했다. 직장을 막고 있던 대변을 제거하는 관장을 마치고 1개월분의 변비약, 매일매일 아이의 변 횟수와 상태를 확인하는 배변일지를 받아 집으로 돌아왔다.[14]

응급실 의사가 대면한 사람은 5세 남아와 그 엄마다. 의사는 엄마에게 아이의 증상을 묻는다. 갑작스러운 구토란다. 의사가 이것저것 병력 청취를 했을 것이다. 환자가 병원을 찾은 주된 이유를 들으면 의사는 의대 시절부터 배운 대로 최근에 무슨 일이 있었는지, 과거에 특별한 병은 없었는지, 집안에 관련 질환을 가진 사람은 있는지, 나아가 소아라면 예방접종 기록까지 묻는다. 그러고는 신체 진찰을 하고 필요에 따라 혈액이나 영상 검사를 시행한다.

소아에게서 구토가 일어나는 원인은 아주 많다. 크게 분류하자면 세 가지로 나뉜다. 첫 번째는 위장관 문제다. 위장관은 입부터 식도, 위장, 십이지장, 소장, 대장, 그리고 항문까지 이어지는 5미터가 넘는 긴 기관이다. 어느 위치라도 해부학적으로 막히거나 좁아지면 사람은 구토로 반응한다. 막히는 원인이 선천성일 수도 있지만 후천적으로 생길 수도 있다. 게다가 음식이 내려가는 속도가 늦어질 수도 있고 역류가 일어나기도 하며 염증만으로도 장운동이 멈춰 구토할 수 있으니 다양한 원인을 고려해봐야 한다. 장 속을 다 들여다보기 어려우니 영상 촬영이나 내시경을 동원해야 하는 질병도 많다. 위장관과 관련된 모든 검사에서 정상 소견이 나오면 일단 위장관 원인을 배제하게 된다. 그러면 두 번째로 큰 범주인 뇌신경계 문제로 넘어가야 한다. 대표적인 것이 뇌압을 상승시키는 뇌종양과 같은 질환이다. 신경계에 염증이 와도 구토할 수 있고 대사 질환이나 신경학적 퇴행성 질환에서도 구토가 발생한다. 역시 영상 촬영과 신경계 검사를 통해 원인을 찾아봐야 한다. 만일 뇌신경계 문제도 아니라고 나오면 고개가 갸우뚱거려진다. '위장관이나 뇌 문제가 아닌데 왜 토하는 거지?' 세 번째 원인이 여기서 나온다. 심인성 문제다. 사실 소아에게서는 이것이 가장 많다. 전작 『기억 안아주기』에 자세히 기술했듯이 매우 예민한 아이들은 말초신경, 특히 후각과 미각마저 예민해서 음식에 대해 나쁜 기억을 갖게 되면 다시 같은 자극이 반복될 때 거절 의사를 구토나 복통 등으로 표현하기도 한다. 입 짧은 아이가 계속되는 음식 강요에 의해 구역질과 구토를 보이는 것이 대표적이다. 예민한 아이들은 음식에 의한 나쁜 기억 말고도 차멀미나 장염 등으로 심한 구토를 경험한 이후 똑같은 일을 겪는 것이 두려워, 차를 타기 전이라든가 약간의 소화 불량이 생겼을 때 미리 걱정하다가 차에 타거나 울렁거림을 느끼면 실제로 구토를 일으킨다. '소확혐', 작지만 확실히 나쁜 기억은 예민한 아이들을 뿌리부터 흔들어놓는다. 세 번째인 심인성 원인을 진단하려면 구토로 병원에 온 아이의 성향과 가족이나 주변의 이야기를 종합하여 판단해야 하는데 대부분의 의사는 기질적인 원인을 찾는 데 집중하기 때문에 이러한 환경적 요인을 무시하기 쉽다.

이제 뉴스 기사로 돌아가본다. 응급실 의사도 분명히 엑스레이를 포함한 기본 검사를 시행했을 것이다. 장의 한 부분이 막히거나 마비가 오면 단순 복부 엑스레이에 뚜렷한 이상 소견이 나타난다. 염증이 있었다면 혈액 검사 등에서 높아진 염증 수치를 알아낼 수 있다. 하지만 이 환자는 기본 검사에서 정상이 나왔을 것 같다. 그러자 의사가 엑스레이를 다시 유심히 관찰해본다. 배 전체에 대변이 보인다. 희끄무레한 부분에 검은 점들이 곳곳에 박혀 있는 모습은 대변으로 해석된다. 다른 원인을 찾지 못하고 유일하게 대변이 배에 차 있는 것을 본 의사는 엄마에게 아이의 구토 증상이 변비 때문이었다는 말을 전한다. 변이 장을 막아 구토를 일으켰다는 설명에 엄마는 의아해하면서도 수긍할 수밖에 없다. 그리고 변비약 한 달 치를 처방받아 집으로 향한다. 물론 응급실에서 관장을 해주었을 가능성이 높다. 이상은 기사로만 유추해본 당시 상황이다.

내 진료실에는 다른 병원에서 구토나 복통의 원인을 변비라고 진단해 변비약만 복용하다가 증상이 잘 낫지 않자 찾아오는 소아 환자가 꽤 많다. 특이한 것은 보호자가 말하는 내용이 공통되다는 것이다. "우리 애가 원래 변을 잘 못 보는 것은 아니에요. 매일 보기도 합니다." 주로 3세 이하에서 오는 소아 변비는 사실 질병이 아니다. 이유식을 먹기 시작하면서 대변이 최초로 딱딱해지고 이것이 나오다가 항문을 찢으면 아이는 통증을 느낀다. 반복될 경우 이 고통은 대변을 보는 것에 대한 두려움으로 변한다. 즉 대변을 보지 않으면 통증도 없기 때문에 아이는 대변을 참으려고 한다. 부모와 아이의 목적은 여기서 완전히 반대로 갈린다. 엄마는 아이가 대변을 보게 하고 싶은 반면 아이는 대변 보는 것을 거부하는 것이다. 변을 참다가 끙끙거리고 밥도 잘 안 먹게 되면 엄마는 아이를 병원에 데려가는데 병원에서는 가끔 관장을 해준다. 관장은 의사와 부모의 입장에서 볼 때 치료다. 하지만 아이 입장을 생각해봤는가? 두 돌도 안 된 아이가 관장이 뭔지 이해했을까? 아이에게는 그저 컴컴한 방에 끌려 들어가 자신이 가장 무서워하고 싫어하는 배변을 강제로 당하는 것뿐이다. 이쯤 되면 트라우마다. 그 후로 아이는 변이 마려울 때 다른 곳으로 숨기도 하고 양다리를 벌리는 행동에 기겁하게 된다. 변을 보지 않는 것이 아이의 행복이 되어버린다. 변을 묽게 해주는 변비약을 장기간 사용해 좋은 경험을 지속시키면 기억이 사라지는 시기에 가서 변비는 저절로 없어지는 법이다. 즉 변비의 치료는 변을 보게 하는 것이 아니라 배변 때 가졌던 나쁜 기억을 사라지게 하는 것이 목적이 돼야 한다. 아이 앞에서 가족들이 항문이나 대변 이야기를 해서는 안 되는 이유다. 기억이 사라지는 시기가 되면 변비는 저절로 없어지지만 아주 예민한 아이들은 변비 증상을 더 오래 가져가기도 하는데 이 또한 어린이집이나 유치원에 다니면서 또래들이 배변하는 모습을 보고 배우기 때문에 시간이 흐르면 소아의 변비는 대부분 자연스럽게 사라진다. 어른 중에서 항문이 아플까봐 대변을 보지 못하는 변비 환자는 없다. 그래서 유치원 가기 전의 소아 변비는 질병이 아니다. 지나가는 현상일 뿐이다. 그렇다면 응급실에 왔던 이 다섯 살 아이는 소아 변비 환자였을까? 정말로 변비 때문에 구토를 한 것이었을까?

[그림 1]을 보자. 왼쪽에는 A4 사이즈 종이 한 장이 있고 오른쪽에는 커피가 든 잔이 있다. 둘 중 단면적은 어느 쪽이 더 넓은가? A4 용지다. 그렇다면 부피는 어느 쪽이 더 큰가? 물론 커피잔이다. 이제 엑스레이에 관한 문제로 가보자. 엑스레이는 어떻게 찍히는가? 3차원으로 촬영되지는 않는다. 2차원 시점으로 보인다. 즉 엑스레이에서는 양감이 드러나지 않고 단면으로만 판단될 뿐이다. CT처럼 횡단면도 촬영했다면 부피를 예상할 수 있겠지만 단순 엑스레이는 앞에서 본 이미지만으로 진단해야 한다. 2차원에서 보면 A4 용지가 커피잔보나 변석이 커 보이므로 변의 부피가 적더라도 대장의 여러 부분에 걸쳐 있다면 더 많은

[그림 1] A4 용지와 커피잔

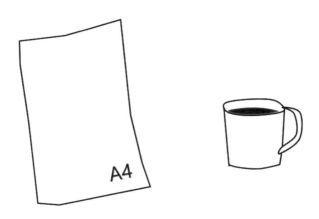

것처럼 보일 테고, 대장 끝부분에 딱딱하게 많은 변이 뭉쳐 있는 실제 변비 환자는 커피잔처럼 면적이 작게 찍혀 부피도 적다고 오인받을 수 있다.

큰 병은 아닌 것 같은데 아이들이 복통이나 구역, 구토를 호소할 때가 많다. 병원에 가면 의사는 복통의 원인을 찾기 위한 기본 검사를 시행하고 그중에서 의미 있는 결과를 도출하려고 한다. 결과를 보니 혈액과 소변 검사 모두 정상이다. 신체 진찰에서도 중요한 소견이 발견되지 않는다. 그런데 복부 엑스레이 촬영에서 변이 많이 관찰된다. "아이에게 변비가 있나요?" 의사의 질문에 엄마는 눈을 동그랗게 뜬다. "아니요. 거의 매일 변을 봐요." 엄마의 대답에 아랑곳하지 않고 의사는 자기 말을 이어나간다. "엑스레이를 보니 변이 많이 차 있습니다. 아마 변비 때문에 장이 막혀서 아이가 토하고 배 아파한 것 같습니다." 아이는 이 순간 변비 환자로 진단된 것이다. 사실을 말해보자면, 보통의 변비로 장이 막히지는 않는다. 정상인이 정상적인 식생활을 했을 때 변비가 생기더라도 결국은 다 배출된다. 외부에서 화학물질이 장 안으로 들어가거나 선천성 혹은 후천성으로 장이 폐쇄되는 질환이 아니라면 우리 몸은 어떤 경우라도 변을 보게 되어 있다. 장운동은 사람의 의지로 제어할 수 있는 것이 아니라 자율신경계가 작동해 입에서 항문 쪽으로 늘 스스로 움직이기 때문이다. 대변을 며칠간 보지 못하면 속이 더부룩해지는 것은 당연하다. 변을 보기 위한 통증을 느낄 수도 있다. 하지만 그런 통증이나 더부룩함이 병은 아니다. 다음 장에서 자세히 설명하겠지만 질환으로 인한 통증이 아니라면 대부분은 시간이 흘러 대변의 배출과 함께 사라진다. 그 순간의 기억이 남아 또 그럴까봐 걱정할 뿐이다. 변비가 심한 사람에게 변비약을 처방하거나 일회성으로 관장을 해볼 수는 있어도 변비가 없는 아이에게 엑스레이에서 변이 많이 확인됐다며 관장하는 것은 과잉 치료가 된다. 앞서 언급했듯이 복통으로 내 외래를 방문하는 소아 환자 중에 이렇게 엉뚱한 변비 치료를 받고 온 경우가 정말 많다. 서너 살 이하의 소아 변비 환자는 관장하면 안 된다. 더 큰 트라우마를 주기 때문이다. 대여섯 살이 넘은 아이들의 변비는 그리 걱정할 필요가 없다. 곧 사라질 것이기 때문이다. 그리고 소아의 복통과 구토에서 변비는 실제로 중요한 원인이 아니다. 다른 원인을 찾지 못하고 엑스레이의 2차원 이미지를 잘못 해석한 의사가 내린 변비 진단은 오진일 확률이 높다. 보이는 한도 안에서만 보고 믿고 만족하는 인간의 한계 때문에 그 피해는 다른 사람이 지게 된다. 변비가 아닌데도 장기간의 약물 치료와 관장을 처방받은 아이가 피해자다.

앞에 나왔던 기사의 제목은 '아이 구토에 놀라 응급실 갔더니 변비라고?'였다. 변비인 줄 몰랐는데 변비라고 진단되니 놀랍고 앞으로 복통이 생기면 변비를 놓치지 말자는 의미로 가득하다. 하지만 나는 아이들이 복통이나 구토로 응급실에 갔더니 변비라고 했다는 것이 더 놀랍다. 의사가 의학 교과서만 보고 배우면 그럴 수 있다. 현재의 의학 교육 시스템으로 이 문제는 바로 해결되지 못한다. 증거 기반의 의학만 지나치게 부각되는 지금의 의학 교육 틀을 벗어나지 못하는 한, 한동안 그 피해는 모든 국민에게 돌아간다.

가이드라인만 따르는 의사

감기를 치료할 때 정해진 규칙이 있을까? 내가 감기에 걸렸을 때 어떻게 대응할까를 생각해보면 답이 한 가지가 아님은 곧바로 알게 된다. 콜록콜록 기침하면서도 마스크 끼고 출근할 수도 있고 열이 나면 진통제를 사서 먹을 수도 있다. 누구는 비타민을 먹으라고 권유하고 누구는 닭죽 먹고 편히 쉬면 금세 낫는다고 말한다. 어쨌거나 치료를 하든 안 하든 일주일은 앓아야 끝나는 게 감기다. 심한 감기여서 병원에 가도 병원마다 치료는 다 다르다. 항생제를 처방하는 병원도 있는 반면, 별다른 치료가 필요 없다며 야박하게 돌려보내는 곳도 있다. 어떻게 보면 자주 다녀서 얼굴을 잘 아는 의사를 찾는 것이 감기 치료의 정석일 수도 있다. 반면 내가 수술해야 할 병에 걸렸거나 암이 생겼다고 가정해보자. 약 먹고 푹 쉬고 잘 아는 의사 찾는다고 해서 해결될 일이 아니다. 그 분야의 전문가를 만나는 것이 치료의 첫걸음이 된다. 그러면 전문가인 의사는 어떻게 질병을 진단하고 치료하기 시작할까? 확실히 치료가 필요한 환자를 앞에 두면 의사는 정확한 잣대를 들이대서 진단해야 하고 그 진단에 합당한 치료를 선택하기 마련이다. 감기 환자 보듯 이래도 되고 저래도 되는 것이 결코 아닌 것이다. 의사가 진단과 치료를 할 때 따라야 하는 기준이 바로 '가이드라인'이다.

복잡한 현대사회에서, 그리고 끊임없이 연계되는 각 분야의 시스템 속에서 안성석으로 일이 굴러가게 하려면 표준화 작업이 우선된다. 즉 모든 공정 과정에는 표준화된 가이드라인이 존재한다. 해법이 중구난방이면 사회가 고스란히 책임을 뒤집어쓰기 때문에 지금의 사회 시스템에서는 그동안 쌓아온 경험과 통찰을 바탕으로 만들어진 가이드라인을 알게 모르게 사용하고 있다고 보면 된다. 의학에도 이미 히포크라테스 시대부터 가이드라인이 존재했다.[15] 『히포크라테스 컬렉션』은 기원전 6세기에서 기원전 4세기 사이에 작성된 고대 그리스의 의학 문헌인데, 히포크라테스가 체계적으로 연구한 의학 지식을 모아놓았다고 한다.[16] 여기에 최초의 임상 가이드라인이 포함되어 있는 것이다. 내용은 전문가뿐만 아니라 일반인을 위한 가르침도 있고 반대되는 관점으로도 기술한 것이 특징이다. 이렇듯 의학의 치료 가이드라인은 만인을 위한 지혜의 총결산이 된다. 의사는 이 가이드라인을 따라 진단하고 치료한다. 그렇게 하는 것이 환자에게 도움을 주기 때문이다. 그런데 잘 생각해보면 환자에게만 혜택이 돌아가는 것이 아니라 의사 자신에게도 크게 도움이 된다. 일단 오진과 잘못된 치료의 두려움으로부터 벗어날 수 있다. 가이드라인을 충실히 따라 진단과 치료를 했으니 잘못될 이유가 하나도 없는 것이다. 그런데 정말 그럴까?

앞 장 기사에서 소개된 구토를 하는 아이를 본 의사가 감으로 진단했을 리는 없다. 당연히 진단 가이드라인을 따랐을 것이다. 거기 나온 대로 의사가 복부 X선을 촬영하고 진단함으로써 그 아이는 어느 순간 변비 환자가 되어버렸다. 물론 그렇게 진단하는 과정에서 나타나는 의사의 심리는 조금 더 복잡하다. 이 문제는 다음 장에서 자세히 설명하도록 하겠다. 여기서 중요한 점은 가이드라인이 만능은 아니라는 것이다. 그리고 현재의 가이드라인이 모든 것을 해결해줄 수 없는 큰 이유가 하나 더 있다. 그것은 세상이 돌아가는 이치와 일치한다. 즉 가이드라인은 시간이 흐름에 따라 바뀐다. 그 분야의 전문가들이 모여 계속 토의하고 합의하면서 가이드라인의 내용이 추가되고 변경되는 것이다.

이런 생각을 한번 해보자. 의사는 가이드라인을 따른다. 모든 의사가 이에 따라 진료하고 있으면 가이드라인이 바뀔 이유가 있을까? 치료 가이드라인을 바꾸는 것 또한 의사가 하는 일인데 모두가 지침을 충실하게 지키고 있다면 이게 왜 바뀌어야 하는지 의문이 든다. 5년 전에 가이드라인을 제정할 때도 최선의 방법을 택했던 것인데 이제 와 바뀐다면 그 당시 치료 방침에 문제가 있었다고 자인하는 셈이니 그러면 5년 전에 치료받았던 사람들은 손해를 본 것 아닌가? 사실 그렇다. 의학 기술의 발달로 인해 변화는 필연적이다. 첨단 기술과 치료 방법이 환자에게 안전하게 적용되고 치료 성적이 올라가면서 가이드라인은 변하게 되어 있다. 대부분의 의사가 현재의 가이드라인을 따르고 있지만 누군가 새로운 연구를 하면서 과거 치료 방법의 모순점을 발견하거나 새로운 치료법이 더 나은 결과를 보여준다면 전문가들은 변화를 받아들이게 되어 있다. 그렇게 될 때까지 갈등과 논쟁은 피할 수 없는 과정이 된다.

2013년 나와 연구팀은 크론병 치료에 사용되는 면역 조절제 아자치오프린을 환자에게 투여하며 쌓은 경험을 학회에서 발표하고 있었다.[17] 아자치오프린은 워낙 강해 부작용이 만만치 않은 약이라 우리 병원은 신속에 자체 연구비를 운용하여 약물 농도의 모니터링을 시행했다. 그 결과 저용량의 아자치오프린으로도 책에 나와 있는 정상 용량과 동일한 효과를 보인다는 것을 알리며 이 약의 사용에 대한 두려움을 줄일 수 있다고 우리 팀의 전임의가 발표했다. 구연이 끝나자 노교수님 한 분이 우리의 연구를 논평했다. 그 요지는 한마디로 왜 쓸데없는 연구를 했냐는 것이었다. 원래 용량으로 별다른 부작용 없이 사용하고 있는데 환자 혈액을 더 뽑아서 과잉 검사를 한다는 논지였고 그것이 오히려 환자에게 도움이 되지 않는다는 말이었다. 전임의는 당황하지 않고 이렇게 답변했다. "네, 교수님 말씀 잘 알겠습니다. 그렇지만 우리 데이터에 따르면 기존 용량을 사용할 경우 소수에서 아자치오프린 대사를 담당하는 유전자 돌연변이가 생겨 탈모나 골수 부전 등의 큰 부작용이 초래될 수 있고, 적은 용량을 써도 혈중 농도가 유지되어 효능 측면에서 동일하며, 아자치오프린 약물 농도 모니터링을 시작한 이래로 부작용 발생이 확연히 줄었다는 점에서 환자의 안전에 크게 도움 된다고 생각합니다." 비용과 수고가 들더라도 환자 입장에서 볼 때 필요성이 컸다고 전임의는 강조한 것이다. 다른 병원이 이 검사를 시행하지 않을 때 우리 팀은 연구를 계속 하고 해외에 그 결과를 발표했다. 그러는 사이 환자에게는 이러한 모니터링이 큰 도움이 되고 있었다.

8년이 흘러 2021년, 유럽크론대장염학회와 유럽소아소화기영양학회는 소아청소년 크론병의 새로운 치료 가이드라인을 발표했다.[18] 여기에는 지난 버전에 없던 기준이 상당수 추가됐는데 그중 하나가 아자치오프린의 대사산물 농도 모니터링이다. 약물 부작용을 예방하기 위해 아자치오프린의 약물 모니터링이 유용하다고 가이드라인에 못 박은 것이다. 우리 팀은 세계의 어느 센터보다 10년 먼저 치료 약물 모니터링을 시작한 셈이 되었다.

이제 다른 관점에서 가이드라인이 변화되는 것을 고려해보자. 의학 기술의 발전과 상관없는 진단과 치료 분야에서 가이드라인이 바뀐다면 이것은 어떻게 설명할까? 둘 중 하나일 확률이 높다. 처음부터 의사가 잘못 판단해왔거나, 지속적으로 환자가 피해를 봄으로써 도저히 고치지 않고는 못 배길 상황이라는 전문가들의 합의가 이루어질 때 바뀐다. 두 경우 모두 의사가 과거의 오류를 인정하는 셈이다. 또한 두 경우 모두 환자의 피해를 통해 의사가 깨우친다. 실제로 어떤 사례들이 있을까? 대표적으로 휴머니즘이 간과될 때 발생한다. 20세기 초반까지 과거 2000여 년간 성행했던 사혈 치료는 환자의 피를 뽑아서 버리는 것이다. 사람의 몸에 네 가지 체액이 있고 이들 간의 불균형이 질병을 일으킨다고 믿었던 과거의 잘못된 이론 탓에 체액의 불균형을 해소하기 위해 피를 '적당히' 뽑아 버리는 치료가 인간 사회를 지배해왔다. 얼마나 뽑는 게 적당한지도 모른 채 뽑아내도 질병이 사라지지 않으면 더 많은 혈액을 빼서 버렸으니 이 때문에 환자들은 생명을 잃었다. 치료를 담당하는 사람들은 피 뽑는 데더 나은 기구를 고안해내는 것에 관심을 쏟았고 19세기에는 거머리가 도구로 널리 사용되기도 했다. 사혈 치료에는 특별한 기술도 필요 없다. 혈관에 구멍을 뚫어 피 뽑는 것을 거머리를 통해 대신했다고 해서 의학 기술이 발전됐다고 보기는 어렵다.

사혈이 질병의 치료 방법에서 사라진 것은 환자의 생명에 위협이 가해지는 일이 많아지자 의사의 생각에 전환이 일어나면서부터다. 사실 오류의 대가가 크기는 했지만 의료진이 환자의 몸뿐만 아니라 마음도 읽게 된 것은 의학사에서 큰 발전이 아닐수 없다. 질병의 원인이 되는 나쁜 성분을 제거하려는 것은 의사의 입장이다. 혈액의 과다 손실로 인해 생명이 위협받는 상황을 초래하는 것은 환자의 입장을 고려하지 않았기 때문이다. 아직 멀었지만 의사가 환자의 관점에서 바라보기 시작했다는 것은 고무적이다. 프랑스 시민혁명 이후 거시적인 인권의 신장은이루어지고 있지만 미시적인 인권, 예를 들어 가족 내 지위라든가 갑을 관계에서의 인권은 아직 사각지대에 있다. 질병의 치료에서도 환자가 갑일 수는 없다. 물론 의사와 환자가 갑을 관계에 놓여 있다고 보는 것 자체가 어폐다. 그저 상대방의 입장을 고려해주는 휴머니즘의 관계에 있다면 그걸로 다 됐다. 휴머니즘이 배제된 의사 입장의 일방적인 치료는 과학적인 메커니즘으로는 설명될 수 있겠지만 결과는 좋지 않을 수 있다. 휴머니즘은 의사와 환자의 간극을 메워주는 훌륭한 도구다. 결국 기술 발전을 매개로 하지 않는 가이드라인의 변경에는 그 기저에 휴머니즘이 자리한다는 의미다.

가이드라인이 언제나 빠르게 바뀌는 것은 아니다. 과거의 치료에 대한 향수는 늘 존재하는 법이다. 예를 들어 체했을 때 손가락 끝을 따서 피를 흘리게 하는 것이 아직 민간요법으로 남아 있는데 이것 역시 사혈 치료의 잔재로 보인다. 현대 의학 기술의 발달로 인해 환자에게 도움 되는 진단과 치료의 가이드라인은 바로 업데이트될 수 있지만, 사회가 성숙하고 사람이 우선시되는 문화에 들어서면서 천천히 바뀔 수밖에 없는 임상 가이드라인도 분명 존재한다. 흥미로운 점은, 의사들은 자신들이 가이드라인을 만든다고 착각하지만 사실 가이드라인은 환자가 만든다는 것이다. 기술의 발전에 따른 진단과 치료 방침의 변화는 환자의 상태를 기준으로 일어난다. 물론 기술의 위력을 알고 사용할 줄 아는 의사가 주도하긴 한다. 하지만 휴머니즘의 자삭에 따라 벌어지는 변화는 분명 환자가 주도한다. 과거의 치료가 불편하다고 느끼면서 일방적으로 의사의 결정에 맡기지 않는 일이 하나둘 나타나면 환자 커뮤니티에서 공유되고 환자들은 자연스럽게 기존 치료에 저항하게 된다. 그 상황을 눈치챈 의료진은 위기감을 갖고 환자에게 별탈 없이 호전되는 방향으로 연구의 방향을 트는 것이다. 어디서 많이 들어본 얘기 같지 않은가? 맞다. 정, 반, 합으로 이어지는 헤겔의 변증법과 한 패러다임 아래서 이루어지는 정상 과학이 변이를 만나 위기를 겪으며 새로운 패러다임의 탄생까지 이어지는 토머스 쿤의 패러다임 전환과 동일한 방법으로 가이드라인은 바뀐다.

우리 팀이 아자치오프린을 비롯한 생물학 제제의 치료 약물 모니터링을 가이드라인이 존재하지 않을 때 미리 시작한 것은 의료 기술의 발전을 접목한 부분에 더해 약물 부작용을 걱정하는 환자의 두려움을 가라앉히기 위해서였다. 사실 환자의 요청이었던 셈이다. 다시 말해 의료진이 그냥 시작한 것이 아니라 환자가 의사를 그렇게 하도록 이끈 것이다. 가이드라인만 충실히 따를 때 환자의 새로운 요구에 귀를 닫는 실수를 할 가능성이 있다는 점을 의료진은 잊지 말아야 한다. 환자가 의사를 만든다.

난치성 희귀 질환 크론병은 완치될 수 있을까?

의사들은 당황했다. 스물다섯 살의 데이비드 칼은 그 당시까지 의사가 전혀 경험해보지 못한 폐렴 증상을 보이며 1959년 8월 눈을 감았다. 2년 전까지 해군에서 복무한 건강한 청년의 이상한 죽음에 영국 맨체스터 병원의 의사들은 칼의 신체 조직을 여러 곳 떼어내 보관하면서 1960년 세계적인 의학 저널 『랜싯』에 자세하게 증례를 보고했다. 1981년 6월 미국 질병통제예방센터는 로스앤젤레스에 사는 남성 동성애자 5명에게서 주폐포자충Pneumocystis carinii 폐렴의 집단 감염을 보고하면서 후천면역결핍증후군, 즉 에이즈AIDS, Acquired Immune Deficiency Syndrome를 질병으로 공식화했다. 그리고 1990년 연구자들은 그동안 보관해두었던 데이비드 칼의 조직으로부터 에이즈 바이러스를 검출하는 데 성공한다.[19] 에이즈가 누구로부터 어떻게 시작됐는지 아직 확실하게 밝혀지진 않았지만 중요한 것은 당시에 그 병에 걸렸다는 진단은 사망 선고와 같았다는 점이다. 에이즈 바이러스에 의해 면역 체계가 파괴되면 보통 사람은 충분히 견딜 수 있는 감염으로도 사망에 이를 수 있다. 악성 종양으로도 잘 진행되고 현재까지 약 2800만 명이 목숨을 잃을 정도로 무서운 에이즈와 맞서 과학자들은 연구에 연구를 거듭했고, 10여 년이 흘러 1995년 일종의 칵테일 요법인 고활성 항레트로바이러스 요법을 도입한 이래 에이즈는 이제 죽을병이 아니라 조절이 가능한 만성 질환이 되었다. 2010년 12월 실제로 완치 사례가 보고됐고 이 사실에 고무되어 완치를 위한 새로운 치료법도 개발되기 시작했다.[20] 의학계가 에이즈와 전투를 벌인 지 거의 30년 만의 일이다.

내가 전공하는 크론병과 궤양성 대장염도 면역 체계의 이상으로 발생하는 질환이다. 자가면역, 더 정확히는 자가 염증을 관장하는 면역의 장애로 인해 장 점막을 비롯한 몸의 곳곳에 만성 염증을 일으켜 삶의 질을 확연히 떨어뜨리는 만성 질환으로서 난치성 희귀 질환에 속한다. 과거에는 염증 조절제와 면역 억제제 외에 특별한 약이 없어서 많은 환자가 장 협착 등으로 수술을 받으며 크게 고생했던 병인데, 국내에 10여 년 전부터 도입된 생물학적 항체 주사 덕분에 이 질환 치료의 패러다임이 바뀌는 중이다. 특히 소아청소년의 경우 성장 장애가 빠르게 호전되고 수술률도 아주 낮아지는 데 주사제가 큰 기여를 하고 있다. 환자의 삶의 질이 눈에 띄게 개선되고 있지만 여전히 언제까지 치료를 해야 하는가에 대해서는 물음표가 달려 있다. 대부분의 난치성 만성 질환이 그렇듯이 살아가는 데 지장 없고 활동에 장애를 주지 않으면 현 상태를 유지하는 것에 의미를 둔다. 고혈압이나 당뇨병은 체중을 줄이고 운동을 하면서 적절한 약물의 복용으로 평생 끌고 가면 된다지만 크론병 같은 자가면역 질환은 조금 다르다. 식이 습관을 개선하는 것은 기본이고 면역 억제제와 같은 강력한 약을 복용하면서 정맥 혹은 피하 주사를 정기적으로 맞아야 한다. 언제까지 주사제를 사용하는가에 대해서는 아직 학계의 합의가 이뤄지지 않았다. 다른 약들보다 부작용이 꽤 있고 그 강도도 세서 약물 투여를 중지하는 경우도 허다하다. 약물이 들어가지 않으면 그동안 잘 유지됐던 병도 재발한다. 그러니 크론병은 함부로 약을 끊지도 못하고 평생 치료와 부작용 사이에서 줄타기를 하며 끌고 가야 한다. 약의 부작용을 두려워하는 환자 입장에서는 몸이 많이 좋아지면 한 번쯤 약을 끊어보는 걸 원할 수 있지만, 이 경우 재발될 가능성이 높다고 보는 의사 입장에서는 현재의 약 치료를 그대로 밀고 나가는 것이 더 낫게 여겨진다.

환자와 의사의 입장 차이에서 나는 크론병 치료 전략의 새로운 해법을 찾았다. 10여 년 전 국내에 생물학적 항체 주사가 도입되자마자 이 약이 크론병 치료에 미칠 영향을 직감할 수 있었다. 그 전까지의 치료제는 증상을 눌러주는 정도로만 효과를 보였는데 주사제는 워낙 강력한 항염증제여서 초기에 장의 염증으로 주로 나타나는 소아청소년의 크론병 치료에 매우 적합할 것으로 예상됐다. 크론병이 생긴 지 오래됐거나 성인이 되어 나타나는 크론병은 염증의 단계를 지나 협착이 진행되는 과정에 들어서기 때문에 주사제를 사용하더라도 이미 굳고 협착된 것을 되돌리기는 어렵다. 그래서 나는 처음부터 주사제를 사용하는 톱-다운 치료를 계획했다. 먹는 항염증 약물과 면역 억제제를 사용하다보면 금세 여러 해가 흐른다. 증상은 조절될지 모르지만 병이 나아지는 것은 아닌데도 환자와 의사 모두 크론병은 평생 가는 질환이라고 믿은 채 현실에 만족하고 지낸다. 그러다보면 크론병의 특성상 협착이나 누공으로 진행되면서 수술 얘기가 나오게 되어 있다. 처음부터 강력하게 염증을 억제하고 나서 유지 요법을 진행하면 이런 불상사를 막을 수 있으리라는 게 당시에 떠오른 아이디어였다.

강력한 약제가 초기에 집중적으로 투입되기 때문에 부작용에 대한 우려가 커서 그것을 보완하는 부작용 예측 시스템, 즉 치료약물 농도 모니터링을 병원 실험실에 준비하고 환자들에게 무료로 검사를 시행했다. 효과는 바로 나타났다. 증상뿐만 아니라 점막에서 궤양을 아예 사라지게 하고 조직 검사 결과까지 정상

[그림 2] 크론병의 치료, '스텝업'과 '톱다운' 방법

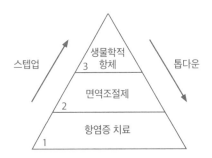

으로 만들면서 회복 상태에서 정말 아무렇지도 않게 약만 투여받는 상황이 수십 명에게서 나타났다. 이때 환자의 입장을 다시 떠올려봤다. 내가 환자라면 나는 언젠가 약을 끊고 싶을 것 같았다. 완치를 기대해볼 수 있었다. 약을 끊었다가 혹시 재발하더라도 다시 약을 투여하면 처음처럼 호전될 것이라는 믿음도 있었다. 약물 방학drug holiday이라는 개념이 있다. 일정 기간 약을 끊어봐 환자가 약물에 대한 감수성을 유지하도록 도우면서 약물 없이 몸이 어떻게 반응하는지 살펴보고 약물에 대한 부작용을 줄이려는 것이다. 나는 환자도 자기 몸 상태에 충분히 만족하면 약물 방학을 마다할 이유가 없다고 생각했다. 그리고 내 의견에 동의한 환자부터 약물을 끊기 시작했다. 1년, 2년…… 시간이 흘러가고 데이터가 축적됐다. 2018년 우리의 첫 데이터가 세계적인 크론병 관련 의학 저널에 실렸다. 크론병 치료 약을 모두 끊은 환자 63명을 대상으로 7년 이상 추적해본 결과, 끊은 지 평균 4년 만에 절반가량이 재발을 보였다. 물론 재발한 환자들에게는 다시 주사제가 투여됐다. 잠깐, 여기서 생각을 바꿔보자. 이것은 달리 말해 4년째 나머지 절반은 여전히 완치 상태로 있다는 뜻이다.[21] 이 성과는 매우 긍정적이고 희망적인 사실로서 톱다운 전략으로 치료의 패러다임을 바꾸어 얻은 것이었다. 새로운 치료 전략을 적용한 지 10년 만의 일이었다.

의사에게 그동안 치료해오던 방침을 하루아침에 바꾸자고 하면 대부분 거절할 확률이 높다. 내가 해온 치료가 법칙과도 같은데 갑자기 다른 법칙을 따르라고 하면 받아들이는 데 매우 긴 시간이 소요될 것이다. 사실 그동안의 치료 방법도 맞고 새로 나온 치료도 옳다. 둘 사이에는 통약불가능성incommensurability이 존재할 뿐이다. 시간이 흐르면 자연스럽게 한쪽은 소멸되는데 그것을 결정하는 쪽은 개발자가 아니라 사용자다. 의사가 아니라 환자라는 의미다. 그렇기 때문에 의사의 생각도 바뀔 수 있어야 한다. 치료 방법에 있어서 생각의 전환도 필요하지만 결과를 해석하는 방법에 있어서도 유연한 사고가 필수다. 예를 들어 완치 판정을 내린 뒤 약을 끊고 나서 5년째 데이터가 75퍼센트에서 완치 상태를 유지하고 25퍼센트는 재발한다고 나와 있다면, 의사는 치료가 잘되어 완치 단계에 이른 환자에게도 재발이 두려워 약을 끊지 못하게 할 확률이 높다. 75퍼센트보다 25퍼센트가 더 두려운 것이다. 그렇게 되면 이미 완치된 75퍼센트는 애꿎은 약을 계속 투여받아야 한다. 내가 근무하는 병원의 소아혈액종양 파트에서는 매년 말 암 환자 완치 잔치가 열린다. 긴 시간의 암 치료와 갖은 고생을 다 겪고 따낸 '완치'라는 아주 값진 메달이 주어지는 날이다. 그날 모인 사람들의 눈가는 기쁨의 눈물로 촉촉하다. 보통 몸에서 암의 증거가 사라지고 나서 최소 5년간 재발이 없어야 이 판정을 받을 수 있다고 한다. 물론 시간이 흘러 암이 재발할 수도 있다. 하지만 재발을 걱정해서 그 힘든 치료를 더 연장하지는 않는다. 그만큼 경험이 쌓였기 때문일 것이다.

에이즈가 이슈화되고 10여 년이 지났을 상황에서 그때까지 변변한 치료제가 나와 있지 않던 시절에는 에이즈 환자가 자기 수명을 다 누릴 수 있을까에 대한 확신이 없었을 것이다. 그보다 더 오랜 역사를 가진 소아암 치료에서도 초기에는 완치를 꿈도 꾸지 못했을 것이다. 이제는 바뀌었다. 의학 교과서에 소아급성 백혈병 완치율이 60~80퍼센트라고 명시되어 있을 정도다. 에이즈도 완치의 시대에 접어들 것이고 크론병도 분명 그 길을 따라 간다.

누군가의 생각의 전환은 극적인 모멘텀으로 이어지기 마련이다. 난치성 질환의 치료에서 그 누군가는 의료진도 되고 환자도 된다. 우리 팀이 진료하고 있는 한 크론 환자의 보호자가 인터넷 환우들의 카페에 이런 글을 띄웠다. 제목은 '마음먹기에 달린 것이 아니라 실체가 변화 중인 것입니다'였다.

제가 1년 전 이 카페에 가입한 이후 단약에 대한 이야기를 잘 접해보지를 못했습니다. 그것은 아마 까마득히 먼 미래 같은 이야기로 생각했고요. (…) 그런데 점차 이 카페에서 단약의 초입이거나 단약에 이르렀거나 그리고 그리로 향해 가고 있는 조직학적 관해 수준의 분들이 늘어나고 있다보니 생각이 많이 달라졌습니다. 아! 아니다. 이 병은 관리가 잘되면 단약에까지 빨리 도달할 수 있을 것 같다는 생각으로의 전환인 것입니다. (…) 가속도의 법칙에 따라서 의학은 분명히 더욱 발전하게 되어 있습니다. 모 의사분은 공부를 안 하면 뒤처진다고 하더군요. 최근의 1년이 기존의 10년보다 훨씬 발전 속도가 빨라서라고요. (…) 분명히 우리가 꿈꾸는 미래의 그날 승리와 사실상의 완치의 관점에서 돌아보면 다 추억이고 행복일 수도 있으니까 기왕이면 눈물 대신 웃음으로 우리의 승리를 위해 나아가자는 의미에서 드리는 말씀입니다.[22]

바로 지금, 현재라는 기준에서 미래를 바라보기에 크론병은 난치병일 수 있지만 그 생각은 인간의 오류다. 현재의 관점으로 미래를 예측하는 것이 아니라, 미래의 관점을 현재로 끌어와야 한다. 세상은 그렇게 흘러간다.

제3장

질병이 아니었는데
잦은 복통으로 고생했다면
왜 그랬을까?

의도하지 않은 의사의 실수

의사의 오진을 질병의 진단에 국한해보면 크게 세 가지로 나눌 수 있다. 첫 번째는 있는 병을 놓치는 것이다. 사실 의사 개인의 역량 차이도 있겠지만 아마 검사를 할 수 없었거나 주변 여건의 어려움이 복합적으로 어우러져 병을 찾지 못하는 경우가 훨씬 더 많을 것이다. 이럴 때는 의사가 크게 비난받지 않는다. 두 번째는 질병의 유사함으로 인해 다른 병으로 오인하는 경우다. 의료 현장에서 충분히 벌어지는 일로서 첫 번째와 마찬가지로 의료 시스템 안에서 결국 오류가 걸러진다. 세 번째는 실제로는 병이 없는데 어떤 진단이 내려지는 경우다. 병원에서 병이라고 하니 환자는 꼼짝없이 당할 수밖에 없다. 이 상황은 겉으로 잘 드러나지 않기 때문에 아마 진단과 관련된 오진 중 가장 많은 부분을 차지할 것으로 보인다. 병을 못 찾거나 다른 병으로 오인하는 것보다 이게 더 큰 문제다.

　중학교 2학년생 성진이에게는 복통에 대한 나쁜 기억이 오래 자리 잡고 있었다. 유치원에 다닐 때부터 복통과 구역, 구토가 있어서 동네 의원을 자주 찾았다. 매번 위염, 장염, 역류성 식도염으로 진단받으며 복용한 약만 해도 엄청난 양이었다. 어려서부터 늘 배 아프다고 하고 구토까지 해 여섯 살 때 성진이는 대학병원에 입원해 정밀 검사를 받았다. 다른 특별한 원인은 발견하지 못했는데 위장 내시경 검사에서 십이지장으로 들어가는 유문 입구에 약간 불룩한 주름 조직이 발견됐다. 의사는 전정부막antral web이라고 진단했다. 선천성으로 생긴 것이고 이 때문에 음식이 잘 내려가지 못해 구토한 것이라는 설명에 엄마는 차라리 다행이라고 생각했다. 수술로 해결할 수 있다고 하니 큰 병원을 찾은 보람이 있었다. 문제는 여기서 끝나지 않았다. 수술이 잘 끝났는데도 성진이의 증상이 좋아지지 않았던 것이다. 여전히 구역질과 구토를 하고 배도 아프며 가끔 설사도 동반했다. 병원에서는 심리 검사를 해보라고 권유했다. 곧 정신건강의학과에서 약물 처방이 내려졌다. 한순간에 성진이는 정신적으로도 불안한 아이가 돼버린 것이다. 여러 약을 먹어도 낫지 않자 성진이와 가족들은 검사와 치료를 그만하고 관찰하기로 했다. 한동안 잠잠하던 증상은 나이가 들며 가끔씩 나타났다. 심할 때는 자다가 깨서 구토를 하기도 했다. 그러다가 중학생이 된 성진이는 정상적인 생활을 하지 못하게 돼 다시 그 병원을 찾아 재검사를 요청했다. 이번에는 생각지도 못한 진단이 내려졌다. 위내시경과 대장 내시경에서 조직 검사상 꽤 많은 수의 호산구가 검출되어 음식 알레르기 질환인 호산구성 위장관염이라고 들은 것이다. 다행히 치료는 수술같이 어려운 게 아니라 음식을 제한하고 가수분해된 성분 식이를 섭취하는 것이라고 했다. 의사와 부모 입장에서는 이런 식이 치료가 쉬워 보였겠지만 성진이 입장은 전혀 달랐다. 입맛이 까다롭고 예민한 성진이는 이틀 만에 맛없고 느끼한 성분 식이를 포기했다. 그러자 약이 투여되기 시작했다. 그중에는 스테로이드도 있었다. 두 달 동안 스테로이드를 먹던 성진이는 증상이 좋아지기는커녕 부작용만 생겨 또 다른 약으로 변경해야 했다. 이번에는 면역억제제였다. 입이 예민한 성진이가 이 약을 먹다가 토하자 의사는 주사제로 교체했다. 얼마 지나지 않아 호전 여부를 봐야 한다며 위와 대장 내시경을 또 시행하게 됐다. 같이 시행한 조직 검사에서 호산구 수는 줄긴 했으나 여전히 나오고 있었다. 오히려 대장에서 작은 덩어리 하나가 우연히 발견되어 성진이는 내시경을 통해 점막제거술도 받고 추가로 다른 부위의 암 검사마저 시행하게 됐다. 새로운 진단들이 나오고 검사와 치료가 많아지자 성진이는 매우 불안했다. 정신건강의학과에서는 항우울제도 처방됐다. 게다가 성진이가 성격 장애를 가진 무슨 증후군이라는 말까지 들은 엄마는 문득 이건 아니라는 생각이 들었다. 그 병원에서 바로 짐을 싼 성진이 와 가족은 주변에 물어 또 다른 병원을 방문하게 된 것이다.

1970년, 서독에서 학생운동을 주도하던 안드레아스 바더와 올리케 마인호프는 반제국주의 테러리스트 집단인 적군파를 결성했다. 적군파가 저지른 테러로 세계 각국이 골머리를 앓았고, 이들이 가담한 1976년 우간다의 엔테베 국제공항에서 벌어진 민간 항공기 납치 사건은 후에 「엔테베 작전」이라는 영화로 만들어질 만큼 세계의 관심을 끌었다. 1990년대 중반까지도 적군파의 테러는 지속됐고, 1994년 10월 16일 『세인트폴 파이어니어 프레스』라는 신문에 한 독자가 흥미로운 기고를 했다. 하루 전에 바더와 마인호프의 적군파 이야기를 친구와 나누었는데 하루 만에 그 친구가 뉴스에서 바더-마인호프 집단 얘기를 들었다면서 연락해왔다는 에피소드였다. 이 체험담이 게시된 후 다른 독자들도 유사한 체험을 했다며 글을 올렸고, 이처럼 어떤 상황을 인식하자마자 자주 보게 됐다고 느끼는 경험을 사람들은 '바더-마인호프 현상'이라고 부르기 시작했다.[1] 이것은 '빈도 착각 현상'을 의미하는데, 어떤 일에 대해 처음 알게 된 다음부터는 선택적으로 주의를 기울이며 갑자기 곳곳에서 그것이 보이는 것을 말한다.

인간은 새로운 것을 알게 된 그 순간부터 이제는 과거로 돌아가기 어렵다. 새로 얻은 지식과 경험은 내 재산으로 쌓이는 법이다. 문제는 그 새로움이 올바른 것이 아닐 때 확증 편향으로 이어지면서 스스로 편향 속에 파묻혀 허우적거리게 된다는 것이다. 의료 전문가에게 이런 편향이 발생하면 더 큰 문제가 된다. 우스갯소리로 의사가 심장을 전공했으면 자식이 태어났을 때 제일 먼저 아기의 심장 소리를 들어 심장병이 아님을 확인하고, 외과를 전공했으면 선천적으로 항문이 막히지 않았나부터 살펴본다고 한다. 이런 얘기는 의사의 '귀여운 편향'으로 봐줄 만하다. 하지만 있는 병을 가리거나 없는 병을 만드는 상황이라면 상황은 심각할 수밖에 없다.

몇 년 전부터 내가 전공하는 소아소화기영양 분야에서 호산구성 위장관염에 대한 관심이 부쩍 늘었다. 아직 확실한 원인이 밝혀지지는 않았지만 주로 음식 알레르기로 발생하며 복통이나 구토, 설사 등 일반적인 장 증상이 나타나고 장 점막의 조직 검사로 호산구의 다수 검출이 진단 기준이 된다. 과거에는 국내에 보고가 거의 없었는데 최근에 와서 외국처럼 발생이 늘고 있다. 발생률이 높아지는 데는 아마 두 가지 이유가 있을 것이다. 하나는 식생활이 서구화되고 다양해지면서 새로운 음식 단백질의 섭취로 인해 장 점막의 알레르기 반응이 많아졌을 가능성이 있다. 다른 하나는 의료 기술의 발달로 소아들에게도 내시경 검사가 전보다 더 많이 시행되면서 장 조직 검사를 통해 진단이 쉬

위졌다는 것이다. 하지만 호산구성 위장관염의 진단 기준은 매우 까다롭다. 장 점막에서 호산구 수가 아주 많이 검출되어야 하고 또한 장의 부분별로 진단 기준이 되는 호산구 수가 각각 다르다. 더 우려되는 건 사실 두 번째 이유인데, 바로 빈도 착각 현상이다. 한번 경험한 새로운 진단에 꽂힌 의사는 다음번에도 비슷한 증상을 보이는 환자에게 내시경을 권유할 확률이 높아진다. 내시경을 시행하고 조직 검사를 했는데 호산구가 보였다고 가정해보자. 진단 기준이 호산구 50개 이상이었는데 막상 환자에게서는 30개가 나왔다. 자, 어떻게 할까? 진단이 가능할까, 아니면 49개가 나왔어도 아니라고 해야 할까? 의사 대부분의 성향을 고려해볼 때 일단 호산구성 위장관염이라고 진단한 뒤 약물을 써가며 반응을 볼 것이 거의 확실하다. 증상이 호전되면 진단이 옳았을 가능성이 높다. 다른 한편 이렇게 생각해보면 얘기가 달라진다. 증상이 전혀 없는 정상인의 장을 조직 검사하면 호산구가 안 나올까? 아니다. 아마 많은 사람에게서 호산구가 검출될 것이다. 음식 알레르기는 특이한 음식 항원에 노출되면 생기고 그 음식이 배제되면 사라지는 것이기 때문에 정상인에게서도 호산구는 나온다. 그 수가 아주 많아 증상을 일으킬 정도여야 진단이 가능하다는 의미다. 복통, 구토, 설사가 심하지 않으면서 오래가는 소아 환자는 기본 검사 결과 정상이 나온다면 기능성 즉 심인성 장애로서 대부분 특별한 치료가 필요 없고 성인이 되면서 저절로 증상이 극복된다. 그런데 상대적으로 희귀한 호산구성 위장관염을 경험한 의사는 그것이 뇌리에 박히고부터는 호산구성 위장관염의 진단을 남발할 확률이 높아진다. 성진이도 그런 사례였다. 일단 호산구 수가 진단 기준에 들어가지 않았다. 당시에 호산구 수가 높았던 것은 아마 그 시점에 특정 음식 단백질에 노출되며 호산구가 장으로 몰렸기 때문인 듯하다. 이 일은 누구에게나 일어날 수 있다. 그러나 의사가 진단을 내렸다. 증상을 계속 호소하는 성진이가 성분 식이 치료를 거부하자 스테로이드와 면역억제제가 차례로 투입됐다. 치료 결과를 보려고 시행한 마지막 조직 검사에서 호산구는 여전히 검출됐다. 호산구성 위장관염을 늘 염두에 두었던 빈도 착각에 빠진 의사의 진료를 견디기 어려웠던 성진이네는 스스로 빠져나올 수밖에 없었다.

　병원을 찾은 사람이 여러 증상을 호소하면 의사는 본능적으로 암묵적인 진단부터 내린다. 하지만 증상이 너무 일반적이어서 뾰족한 진단명이 떠오르지 않는다면 의사는 객관적인 검사를 통해 진단을 하려고 한다. 이때 문제가 발생할 수 있다. 혈액 검사나 영상의학 검사가 보여준 하나의 이상 소견은 의사를 매혹시킨다. 그 소견과 환자의 증상은 묘하게 바로 연결된다. 그 순간부터는 의사의 확증 편향 성향에 따라 환자의 운명이 결정될 수 있다. 매우 안타까운 일이지만 의사도 인간이기에 충분히 일어날 수 있는 일이다. 결코 의도한 바가 아니다. 의사가 실수한 것이 아님에도 불구하고 결과적으로는 크건 작건 소위 의료 사고로 이어진다. 다행히 의료 체계의 여러 검증 과정을 거치면서 바로잡힐 가능성이 있다.

다섯 살 남자 아이가 엄마와 함께 내 외래를 찾았다. 복통이 잦아 한 병원에서 초음파를 했더니 회장 말단 부위가 크게 부어 있다면서 크론병이 의심된다고 했단다. 사실 크론병은 주로 10대 이후에 발생하기 때문에 5세 아이의 복통 원인을 찾고자 했다면 다른 것부터 의심했어야 했다. 회장 말단부에는 임파선이 아주 발달되어 있어 감기나 바이러스 장염 같은 약한 감염에도 임파선이 자주 붓는다. 사흘 전에 감기를 앓고 복통이 생겨 오늘 초음파를 해보면 아직 부기가 빠지지 않은 회장 말단 부위는 생각보다 크게 보인다. 감기 증세가 사라지더라도 임파선 붓기는 조금 더 오래가는 법인데 현재 복통과 부은 회장 말단 부위를 연결한 의사는 이 모든 것이 감기 때문인 줄도 모른 채 더 나쁜 병을 의심하기 시작한 것이다. 의심하니 그것만 보인다. "설사도 하나요?" 그 의사의 질문에 엄마는 하루 이틀 전의 설사를 떠올리며 그렇다고 답하지만 사실 설사는 감기에서 비롯된 것일 수 있다. "살이 빠지나요?" 엄마는 또 그렇다고 답하지만 감기와 복통으로 음식 섭취를 잘 못 한 아이는 당연히 살이 약간 빠질 수밖에 없다. 회장 말단부에 염증이 심해 보이는데 설사도 하고 살도 빠졌다니, 이런 과정을 겪으며 감기가 나아가고 있었던 아이는 갑자기 크론병을 의심하는 상황으로 들어서게 된다.

그 의사는 질병의 원인을 찾고 싶어하는 전형적인 의학 마인드를 가진 사람이었다. 좋게 얘기하면 의학 지식이 충만해 실력이 있어 보이지만 다른 각도에서 보면 전체를 보고 판단하는 것에 취약했다. 『통찰지능』에서 나는 인간의 태생적 한계 세 가지를 언급했다. 보이는 것만 보려고 하는 시야 사고, 자기 지식 안에서만 판단하는 지식 사고, 그리고 그것을 벗어나려는 노력을 하지 않는 만족 사고 때문에 인간은 언제나 손해를 본다. 알면서 또 당하는 것은 이들 한계에서 빠져나오지 못하기 때문이다. 병이 없는데도 증상을 호소하는 사람에게 어떤 의사가 문진과 검사를 통해 질병으로 진단했을 경우 그 의사를 탓할 수는 없다. 그는 열심히 자기 일을 했기 때문이다. 그렇다고 책임을 완전히 면해줄 수도 없다. 왜냐하면 피해자가 있기 때문이다. 우리는 머리를 맞대고 그런 피해를 최소화하는 방법을 찾아야만 한다. 최소한 의사가 똑같은 실수를 반복하지 않도록 해야 하는데, 가장 기본적인 이 피드백 과정이 작동하지 않는다는 게 문제다. 이것은 의료진의 책임으로 돌아간다. 의도하지 않은 실수인 것은 맞지만, 그 의도하지 않은 실수로부터 배우지 못한다면 그것이 더 큰 실수다.

휴머니즘 관점에서 과민성 복통의 원인 분류하기

사람의 장 질환 가운데 온 국민이 가장 많이 알고 있는 병 중 하나는 아마 맹장염일 것이다. 정확하게는 충수돌기염이지만 어려서부터 수없이 들어왔기 때문에 나이가 들어서도 맹장염이라는 단어가 입에 붙어 있다. 어려서부터 맹장염을 자주 듣게 된 배경에는 소아청소년과 의사의 역할이 있다. 아이들의 소장 말단 부위, 즉 회장 끝부분에는 임파선이 매우 발달돼 있다. 사춘기가 지나면서 이 임파선 조직은 서서히 퇴화하는데 그 전까지는 감염이나 염증이 있을 때 바로 반응하여 붓기 때문에 문제를 일으키기도 한다. 감기가 들면 다들 목 안과 목 양쪽 부위의 임파선이 부어 만져지는 것을 경험했을 것이다. 그런데 감기 바이러스는 목 주변에만 가지 않는다. 바이러스는 전신을 돌기 때문에 감기나 장염에 걸리면 온몸의 임파선이 붓기도 한다. 그중 하나가 회장 말단부 임파선이다. 사람의 장은 부으면 통증이 생긴다. 회장 말단부는 오른쪽 아랫배에 위치한다. 바로 옆이 충수돌기다. 묘하게 아픈 위치가 동일하다. 그러니 바이러스에 감염된 아이가 오른쪽 아랫배를 움켜쥐면 의사는 매우 곤혹스럽다. 일생에 국민의 7퍼센트가 한 번은 걸린다는 충수돌기염은 만약 놓치면 수술이 커지고 복막염이나 다른 합병증이 동반되는 무서운 질환이 될 수 있어 주의를 요하므로 의사는 오른쪽 아랫배

통증에 과잉 반응할 수밖에 없다. 그래서 조금만 이상해도 충수돌기염이 의심되니 큰 병원에서 가서 검사를 해보라고 권유하게 되어 있다. 사실 충수돌기염은 20대에 많이 발생하고 어린아이에게는 드물게 발생한다. 즉 어려서는 회장 주변의 임파선염이 더 많고 특별한 치료가 필요하지 않아 크게 걱정하지 않아도되지만, 배 아픈 아이에게 매번 의사가 충수돌기염 가능성을 언급하기 때문에 자주 듣게 되는 것이다. 맹장염 얘기를 들은 부모는 가만있을 수 없다. 불안과 걱정을 불식시키고자 큰 병원을 찾아 혈액 검사나 초음파를 하게 된다. 검사 결과가 정상이어도이제 이 지식을 머릿속에 넣은 부모는 다음번에 아이가 다시 배아프다고 하면 우선 맹장염을 떠올릴 수밖에 없다. 그 과정에서만일 아이가 구토와 열을 동반하고 며칠간 심하게 아팠다면 그기억은 아이에게 깊이 새겨지며 가족에게는 작지만 나쁜 기억으로 남는 것이 당연하다. 예민하고 걱정이 많은 아이들은 자신의 아팠던 경험을 잊지 못하고 배의 다른 부위가 아프기만 해도그 기억을 떠올리기 마련이다. "엄마, 나 또 여기가 아파." "나 혹시 맹장염 아니야?" 이런 아이의 물음에 "괜찮을 거야"라고 답할부모는 얼마나 될까? 가족 모두는 또다시 큰 병원을 찾는다.

초음파를 비롯한 여러 검사 결과 충수돌기염이나 다른 나쁜질환이 아니라고 나오면 사실 당장 걱정할 필요는 없다. 가장 빈도 높게 진단되는 장간막 임파선염도 앞서 언급했듯이 장 주변의 임파선이 부어 있는 것이고 바이러스 질환에 의한 경우가 대부분이어서 특별한 치료 없이 저절로 좋아진다. 즉 정밀 검사에서 큰 의미가 없다는 소견이 나오면 질병이 아니라 그저 통증이다. 목이나 사타구니에 임파선이 돋으면 시간이 흐르면서 줄어드는 모습을 직접 볼 수 있는 반면, 배 속의 임파선은 눈으로 확인할 길이 없으니 배 아픈 병은 목 아픈 병보다 조금 더 두렵게 느껴진다. 보이지 않는 것이 더 무섭다. 이것은 환자나 가족, 의사 모두에게 해당된다.

과민성 대장증후군이 어떤 건지 대부분의 사람은 알고 있을 것이다. 인구의 20~30퍼센트에서 발생한다는데 어쩌면 그 이상일 수도 있다. 일반적인 정의는 스트레스를 받거나 긴장할 경우 알 수 없는 이유로 복통이나 설사, 변비 같은 장 증상이 반복되는 것을 말하며 일상생활을 하는 데 불편하긴 하지만 질병이 아니라는 것이 중요하다. 확실한 치료법이 알려지지 않아 음식을 제한하거나 심리 안정, 혹은 대증 약물 치료 정도가 이뤄지고 있다. 심리적인 요인이 좌우한다고 알려졌기 때문에 소아에게서는 예를 들어 동생이 태어났거나 전학을 하거나 부모로부터 혼났을 때 등이 합당한 핑계 즉 원인으로 입에 오르내린다.

의사는 과학자다. 원인을 밝혀야 그에 적절한 치료를 개발할 수 있는데 원인을 찾지 못하니 심인성 요인이라고 에둘러 표현하고는 더 이상 어떻게 해야 할지 모른다. 이것저것 기전을 설명하며 약물을 들이밀어보지만 효과가 뚜렷하지 않기는 매한가지다. 과민성 대장증후군은 의학적으로 기능성 장 장애로 분류된다. 이 분류법에 따르면 성인의 과민성 대장증후군은 변비 혹은 설사가 주된 형태로 나타나거나 혼합형으로 나타난다. 소아는 기능성 복통 장애 아래로 기능성 소화불량, 과민성 대장증후군, 복부 편두통, 기능성 복통으로 세분화하고 있다. 의사들은 분류하는 것을 좋아한다. 그래야 정리가 되고 진단명을 붙일 수 있으며 그에 따른 치료법을 설명할 수 있기 때문이다. 그런데 혹시 여러분은 이 기능성 장 질환의 분류가 약간 애매하다는 것을 눈치챘는가? 그렇다. 따로 한 증상이 계속되는 것이 아니라 한두 개 혹은 전부가 한꺼번에 나타나기도 한다. 그래서 이런 분류는 의미가 없다. 그냥 기능성 장 질환 즉 과민성 증상 하나로 묶어 설명하는 것이 차라리 맞다고 본다. 그러면 심리적 요인에 기인한다는데 그 원인들을 구분해볼 필요가 있지 않을까? 나는 오래전부터 이미 그런 식으로 분류하고 외래에서 환자와 보호자에게 설명해왔다. 이제부터 소아청소년기의 기능성 복통에 대해 내가 만든 분류를 말해보겠다. 이 장이 끝날 때쯤이면 왜 그런 분류가 필요했는지 자연스럽게 이해하게 될 것이다.

초등학생 때부터 배가 아팠던 고1 남학생이 외래에 왔다. 5년 동안 복통이 있었지만 긴장하거나 스트레스를 받을 때만 심해지고 평소에는 괜찮았기에 병원에서 특별한 검사를 시행하지는 않았다. 6개월 전 통증이 심해지는 듯해 동네 내과에서 위와 대장 내시경을 받았는데 이상 소견은 없었다고 했다. 그동안 다닌 대부분의 의원에서 과민성 대장증후군 같다고 했단다. "하루 중에 언제 주로 아프니?" 내 질문에 학생은 "아침에 아파요"라고 답했다. 어떤 병이 있는데 아침에만 아프기는 어렵다. 때를 가리지 않고 아픈 것이 진짜 병이다. 좀더 자세히 물었더니 아침에 일어나면 학교 가서 배 아프고 변을 봐야 하는 것부터 떠오른다고 했다. 이 때문에 아침에 집에서 화장실에 30분 이상 앉아 있으면서 꼭 변을 보고 학교에 가야 마음이 놓인다는 것이었다. 나에게 찾아오는 과민성 복통 환자의 다수가 유사한 패턴을 가지고 있다. 잊고 싶지만 잊히지 않는 과거의 나쁜 기억이 그들에게 있다. 이 학생도 초등학교 6학년 때 수업 중에 배가 아팠는데 변을 참다가 실수한 작은 트라우마가 있었다. 이런 '소확혐'은 예민한 성격을 가진 사람의 두뇌를 지배한다. 그런 실수가 또 생길까봐 걱정돼 이를 피하기 위해 늘 미리 대비하는 행동을 취하게 되어 있다. 그것이 아침에 화장실에 오래 앉아 있기로 나타난 것이다. 이런 과민성 환자에게 병원에서는 자꾸 검사를 하고 약을 처방한다. 무슨 약을 줄까? 대부분 소화제, 지사제, 아니면 유산균일 것 같다. 이게 도움이 될까? 물론 필요 없는 약이다. 아니, 위약 효과로는 도움이 될 수도 있겠다.

나는 외래에서 아무 약도 쓰지 않는다. 치료로서 첫 번째는 그동안 겪었던 상황에 대한 자각을 시킨 뒤, 두 번째로는 회피하지 말고 부딪혀보라고 한다. 결국 병이 아니니 큰 문제는 없을 테고 두려움 때문에 미리 도망가지 말아야 한다고 단단히 이른다. 처음에는 여전히 무서워하고 힘들어하지만 문제를 자각한 이후에는 여러 번의 시도와 훈련을 통해 극복할 수 있다고 자신감을 불어넣어주는 것이 내가 할 일이다. 시간이 흐르면 많은 환자가 자신과의 싸움에서 이기며 증상 호전을 보인다.

통증을 느끼는 사람은 환자 본인이다. 그런데 환자의 통증에 반응하는 대상은 환자 자신과 가족 그리고 의사다. 통증의 강도는 주관적인데 그 통증을 평가하는 사람이 여럿 존재하기 때문에 본인과 주변 환경의 관점에 따라 대처 방법이 달라질 수 있다. 특정 질병으로 인한 복부 통증은 객관화가 가능하다. 환자가 설명하는 것에 더하여 의사가 몇 가지 의심되는 지점을 확인하면 그 통증과 질병은 바로 연결되고 진단이 이루어진다. 그렇지 않은 애매한 복통과 과민성 장 증상이 문제다. 환자 본인이나 관찰자의 관점에 따라 해석이 달라지기 때문에 객관화가 어렵다. 과민성 장 증상이 어떤 특별한 음식 때문에 유발된다면 그것은 반복되는 경험에 따라 환자 본인이 확신을 가지면서 알게 되므로 이번 분류에서는 제외한다. 이제 심리적인 원인에 의한 복통만 남았다. 가장 많은 원인은 두려움이다. 환자와 주변 사람들, 그리고 의사 모두 각자의 관점에서 이유를 잘 찾지 못하는 복통에 대해 두려움을 느낀다. 사실 환자는 어렴풋이 그 두려움의 실체를 알고 있다. 확신이 없었을 뿐인데 누군가 그 맥락을 똑바로 짚어주면 그제야 복통의 근본 원인을 자각하고 그로부터 벗어날 동력을 얻는다. 이렇듯 복통에 대한 두려움의 첫 번째 관점은 환자 자신이다.

　유치원에 다니는 여섯 살 아이 진서는 최근에 설사와 복통을 자주 호소했다. 특이한 점은 집에서보다 유치원에서 더 자주 화장실에 들른다는 것이다. 많게는 다섯 번도 간다고 유치원 원장님이 알려주셨다. 엄마가 곰곰이 생각해보니 진서의 증상은 유치원에 처음 갔을 때쯤 생겨났다. 진서가 다니는 유치원은 영어 유치원이었다. 내 외래에 찾아온 진서네와 상담해보니 특별한 장 질환은 없는 것으로 판단됐다. 체중도 잘 늘고 있었고 매일 설사를 하는 것도 아니었다. 나는 영어 유치원이 원인일 것 같다는 엄마의 의견에 바로 동의했다. 우리말도 아직 유창하지 못한 진서에게 외국어 배우기는 충분히 부담으로 느껴질 만했다. 가족력에서도 할머니와 아빠에게 과민성 대장 증상이 있었고, 아빠가 워낙 걱정이 많은 성격이며 진서도 비슷하다고 했다. "이렇게 해보시죠. 어머니 말씀대로 영어 유치원은 그만두는 게 맞을 것 같습니다. 그리고 부탁이 하나 있는데요, 진서가 가졌던 나쁜 기억이 사라져야 해결되는 것이니까 오늘부터 가족들이 진서 앞에서 '배 아프니?' '설사 했니?'라고 묻지 말아주세요. 아프다고 해도 괜찮다면서 모른 척하시면 됩니다." 엄마는 그렇게 하겠다면서 검사나 약 처방 없이 집으로 돌아갔다. 아이의 증상에 대한 가족의 관심은 당연한 것이지만 아이가 매우 예민하다면 오히려 통증에 대한 언급이나 질문이 아이의 기억을 도로 불러오므로 모른 척해주는 것이 나쁜 기억으로부터 벗어나는 데 도움을 준다. 그 후로 진서가 병원에 오지 않아 잊고 있었는데 4년이 지나 진서 엄마가 외래를 다시 방문했다. 또다시 설사와 복통 증상이 생겼다면서 엄마는 4년 전 이야기를 꺼냈다. "선생님 말씀대로 영어 유치원 그만두고 제가 무관심해지니까 아이의 증상이 거짓말처럼 호전됐어요." 그러고는 아무 일 없이 잘 지내다가 최근에 학교 가기 전에 화장실에 자주 들르며 불안해해서 다시 왔다는 것이다. 원인은 곧바로 밝혀졌다. 진서가 최근에 학교에서 설사를 한 번 하면서 다시 예민함이 발동되고 수업 중에 화장실 가는 것이 싫어 아침마다 집에서 대변을 해결하고 가려 했기에 복통이 나타난 것이다. 대처 방법은 전과 동일했다. "진서야, 학교에서 배 아플 때 변 보는 건 당연한 거야. 남들도 그래. 두려워하지 말자. 그냥 배 아프자. 병이 아니니까 아파도 돼. 통증은 곧 사라질 거야. 배 아플 걸 미리 걱정하지 않으면 다 해결되거든." 진서는 그러겠다고 했다. 그리고 진서 엄마도 웃음으로 화답하며 진료실을 나갔다. 4년 전 진서에게 영어 수업이라는 두려운 요소는 누구나 가질 수 있는 복통이라는 중립적 요소와 연결되어 '맥락 조건화' 상태가 이루어졌고, 영어 수업을 하면 배가 아파야 하는 두려운 기억으로 조건 학습된 경우였다. 4년이 지나서도 수업 중에 손 들고 화장실에 갔던 나쁜 기억은 아침을 먹으면 배가 아파지는 조건화된 맥락으로 나타난 것이다. 진서는 아주 예민했어도 쉽게 극복했다. 그것은 엄마의 통찰이 있어 가능한 일이었다. 그렇지만 가족이 더 예민해진다면 그 피해는 고스란히 아이에게 간다.

두려움의 두 번째 분류는 아이의 복통을 바라보는 가족의 관점이다. 화면에 뜬 아홉 살 성호의 의뢰서를 미리 보니 환자는 몇 달 동안 복통이 계속돼 한 대형 병원의 외래를 방문한 것으로 되어 있었다. 큰 병원에서 전원되었기에 대부분의 검사는 끝나 있었고 결과는 모두 정상이라고 했다. 성호가 진료실 안으로 들어오기 전에 나는 늘 하던 대로 성호의 키와 몸무게를 먼저 확인해봤다. 예상대로 키는 중간인데 체중은 가장 아래쪽에 가 있었다. 어려서부터 입이 짧았던 아이들이 커가며 보이는 신체화 증상, 즉 과민성 복통일 것으로 짐작했다. 외래에 들어온 엄마가 그동안 있었던 일들을 늘어놓는다. 세 군데 병원을 거치며 검사도 많이 했고, 어느 병원에서는 장염이니 죽만 먹이라고 해서 따랐다가 체중이 2킬로그램 빠졌으며, 또 어느 병원에서는 엑스레이를 보니 변이 차 있다면서 관장을 시켰다고도 했다. 성호가 가리키는 복통의 위치는 여기저기 여러 군데였다. 실제로

중한 병은 한 군데가 아프기 마련이다. 여러 곳이 아플수록 나쁜 질환일 가능성은 떨어진다. "어려서부터 아이에게 밥 먹이기 힘드셨죠?" 엄마가 어떻게 알았냐는 표정으로 흠칫 놀란다. 식사하면서 구역질도 잦았고 후각도 아주 예민했던 성호는 입 짧은 아이의 대표적 사례였고, 체중이 늘지 않는 게 걱정인 엄마는 아이가 왜소해질까봐 늘 먹는 것을 강요해왔다고 털어놓았다. 엄마도 어려서 입이 짧은 편이었고 자신처럼 못 자라면 안 된다는 생각으로 성호를 밀어붙였던 것이다. 성호는 착한 아이였다. 엄마의 말을 거역하지 못하겠는데 그렇다고 밥 먹는 것을 좋아하지도 않아 그에게 도피처는 신체화 증상으로 나타났다. 구역질, 구토, 복통은 대표적인 신체화 증상이다. 하지만 질병의 증상이기도 해서 의사들은 병을 찾는 데 집중한다. 병이 없는데 병을 찾으려 하니 그 고생은 성호와 가족이 뒤집어쓰게 된다. 자식의 자아를 인정하지 않는 엄마는 이미 본인의 일부가 되어버린 아이의 잠재적 손해를 참지 못하고 본인 뜻대로 제어하면서 안 해도 될 걱정 속으로 빠져들어간다.

가족 안에서 벌어지는 이 같은 손실 기피 현상은 시간에 비례해서 아이를 더 무기력하게 만든다. 자식을 키울 때 아이의 자발적 행동에 대해 부모가 관심을 보이면 아이는 더 자신 있는 태도로 행농을 이어간다. 반면 부모의 걱정 속에 오랜 기간 강요가 지속된다면 아이들은 자동항법장치를 켜고 아무것도 하지 않게 된다. 안타깝지만 무기력은 학습되면서 조건화되고 자기 결정권이 빼앗긴 상황에서 살아남기 위한 패턴화가 이루어진다. 신체화 증상은 그렇게 나타난다. 아이는 증상으로 표현했지만, 무기력한 아이의 무의식적인 저항을 병으로 바꾼 가족의 관점이 본질적인 문제였다.

세 번째 또한 중요한데 바로 의사가 바라보는 환자의 증상에 대한 관점이다. 유치원에 다니는 지민이는 가끔 배가 아프다고 호소했다. 특별한 병은 아닌 듯해 엄마는 지켜만 보고 있었는데 여러 달 지속되자 한 대학병원을 찾았다. 복부 초음파 검사와 혈액 검사에서 이상 소견을 찾지 못한 의사는 지민이에게 변비가 있냐고 물었다. 지민이는 일주일에 두 번 정도 변을 보고 있었지만 원래 잘 먹는 아이가 아니어서 변 횟수가 많지 않은 것에 대해 엄마는 걱정하지 않고 있었다. 의사는 다른 검사 결과는 다 괜찮은데 엑스레이에 변이 차 있으니 변비인 것 같고 그 때문에 배가 아파졌다고 설명했다. 의사가 그렇다고 하니 엄마는 믿을 수밖에 없었다. 변비약을 처방받았고 매일 물을 많이 먹여야 한다는 말도 들었다. 지민이도 예민하고 기억을 잘하는 아이였다. 엄마 생각에도 지민이의 복통은 심리적인 것 같아 병원에서 특별한 병이 아니라고 하면 그대로 관찰만 할 계획이었는데 그 계획은 어그러졌다. 이날부터 지민이네는 전쟁이 시작됐다. 지민이는 강제로 물을 많이 먹는 것을 거부했다. 약도 처음에는 잘 먹다가 곧 약 먹을 시간이 되면 짜증을 냈다. 복통이 호전되기는 커녕 횟수가 더 늘었고 이곳저곳 아프다는 부위도 많아졌다. 몇 달이 흘렀다. 참다 참다 지친 엄마는 주위에 수소문해서 지민이와 함께 내 외래를 방문했다. "애가 변비 때문에 배 아픈 것 맞나요?" 다짜고짜 묻는 표정에서 지푸라기라도 잡아보려는 엄마의 심정이 느껴졌다. 물론 지민이는 변비 환자가 아니었다. 누구든 음식 섭취량이 적으면 변 횟수는 준다. 사흘에 한 번 배변해도 전혀 문제가 아니다. 그 사람에게는 사흘에 한 번 변을 보는 것이 정상일 수 있다. 과거에 크게 아팠던 기억을 가지고 있는 지민이는 예민한 아이들의 과민성 복통 패턴을 그대로 따르고 있었다. "어머니, 지금부터 한 달간 시간을 드릴게요. 변비 약도 끊고 지민이의 통증에 관심도 갖지 마십시오. 그저 잘하고 있다고 칭찬 많이 해주시고 지민이한테 통증의 기억이 떠오르지 않게 식구들이 도와주었으면 합니다." 내 처방 이후 한 달간 자유를 만끽한 지민이가 외래를 재방문했다. 변 횟수는 똑같았지만 복통이 많이 사라졌고 잘 먹고 있다고 했다. 체중도 늘었고 얼굴 표정도 밝아져 있었다. 지민이의 성공담에 모두 크게 칭찬을 해주던 중 지민이가 약간 근심 섞인 얼굴로 이렇게 물었다. "변비가 아닌 게 맞나요? 다른 병원에서 또 변비라고 하면 어떻게 해요?" 물만 쳐다봐도 구역질이 난다는 지민이의 말에서 아이에게 가해진 또 하나의 작은 트라우마가 읽혔다. 진료실을 떠나는 지민이에게 마지막으로 한마디 덧붙였다. "다른 병원에서 또 변비라고 할 수 있어, 지민아. 그런데 너는 변비 환자가 아니야. 물많이 안 먹어도 돼. 네가 원하는 걸 마음대로 먹으면 되는 거야." 닫히는 문 틈새로 자신감이 충만해진 아이의 얼굴이 스쳤다.

환자의 증상 앞에서 의사도 두렵다. 교과서에 나온 대로 혹은 자신의 진료 경험대로 환자가 아프면 진단이 쉽지만 원인을 잘 모르는 상황에 부딪히면 의사도 두려움을 느낀다. 그래도 환자에게 덜렁 모른다고 할 수는 없기에 어느 정도 가능성 있는 진단을 붙이는 것이 대부분의 의사가 하는 선택지다. 의사의 도움을 믿고 온 환자에게 "잘 모르겠다"고 하는 대답은 의사 입장에서 손실이다. 이 명분적인 손해에 대한 두려움을 피하려 하는 것은 의사로서도 인지상정이다. 물론 이때 환자에게 오류가 전달될 수 있어 문제이긴 하다. 이렇게 두려움에 관한 의사의 관점에 따라 과민성 복통의 원인이 잘못 이해될 수 있듯이 가족의 잘못된 관점에 의해서도 병이 없는 아이가 환자처럼 오인될 수 있다. 결국 [표 2]와 같이 과민성 복통을 가진 아이들은 스스로의 두려움에서 벗어나지 못했거나 가족이나 의사 등 주변에서 도와주는 사람들의 어설픈 개입으로 인해 통증의 늪에서 허우적거리게 된다.

[표 2] 기능성 복통에 대한 두려움의 관점 세 가지

관점	
자신의 두려움	통증에 예민 걱정/불안 성격 나쁜 기억 이후 손실 기피
가족의 두려움	아이에 대한 제어 나와 다른 것인데 틀리다고 판단 손실 기피
의사의 두려움	복통의 원인을 모르는데 무언가 진단과 치료를 해야 함 손실 기피

다시 한번 언급하는데, 복통의 위치에 따른 분류나 증상에 따른 분류는 그리 유용하지 못하다. 관점에 따른 분류 방식으로 접근하는 것이 옳은 이유는 이렇게 해야 본질적인 원인을 파악하고 그에 합당한 대처 방법을 찾아낼 수 있기 때문이다. 환자 자신의 두려움과 가족의 두려움은 거의 붙어다닌다. 밈meme처럼 가족 내 문화는 유전되기 때문이다. 부모가 걱정이 많고 예민하면 그렇게 키워진 아이 역시 비슷한 성향을 보이기 쉽다. 유전과 환경 모두 아이를 부모와 동일하게 만든다.

소아에게 나타나는 기능성 복통을 과학적으로 정의하고 분류하는 것은 무의미해 보인다. 그것은 철저하게 의사의 관점이기 때문이다. 객관적인 검사들을 통해 아이가 질병에 걸린 것이 아니라는 가능성이 높아지면 의사는 환자와 가족의 성향을 읽어 낼 수 있어야 한다. 복통을 보인다고 해서 거기에만 반응하면 의사가 실수를 저지를 확률이 높아진다. 빙산의 꼭대기를 바라보면서 빙산의 전체를 그리지 못하는 인간의 한계 안에서 의사는 보이지 않는 부분을 읽는 능력을 발휘하도록 훈련받아야 한다. 의과대학의 지식 위주 교육의 폐해라고 하더라도 졸업 후의 교육을 통해서 혹은 직간접적인 경험을 통해서 휴머니즘 의료의 기본을 쌓도록 노력해야 한다. 모든 사물과 사건에는 본질이 존재한다. 빙산의 밑바닥에 깔려 있는 본질은 어떻게 보면 단순하다. 그것으로 인해 파생되는 현상이 너무 다양해서 인간을 혼돈에 빠지게 할 뿐이다. 사물과 사건의 본질은 그 입장에 서야 보인다. 그리고 그 본질은 파생된 다양한 현상 모두를 설명할 수 있다. 어디 복통 하나뿐일까. 기능성 장애는 몸 곳곳에서 발생하고 관련된 사람들의 관점에 따라 다양한 패턴으로 나타나지만 그 근본 깊은 곳에는 인간의 두려움이 자리해 있다.

[그림 3] 겉으로 드러난 기능성 복통은 빙산의 일각

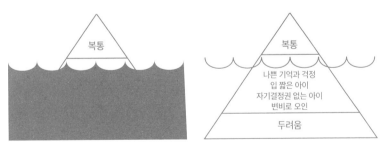

두려움에서 파생된 수많은 증상

불안에 대한 이야기부터 꺼내보겠다. 불안이 없는 삶은 상상하기 어렵다. 개인마다 불안의 크기가 다를 뿐 모든 사람은 늘 불안과 마주한다. 누구에게는 큰 스트레스지만 다른 이에게는 별일이 아닐 수도 있는데 이것은 사람마다 다른 방식으로 세상을 경험해왔고 또한 주관적으로 달리 반응하기 때문이지 인간이 불안해하는 것은 지극히 당연한 일이다. 프로이트는 불안이란 거의 모든 정신적 문제의 뿌리이며 인간의 마음을 이해하는 열쇠라고 했다.[2] 불안은 공포와 연결되는데, 사실 의미는 구별된다. 프로이트에 따르면 불안은 대상 없이 모호한 느낌으로 두려워하는 상태를 말하고, 공포는 명확한 대상에 대한 두려움이다. 보이지 않는 것이 더 무섭다는 걸 우리는 잘 안다. 공포는 시작과 끝이 있지만 불안은 지속적으로 경계해야 한다. 공포는 현재의 위협이 해를 끼칠 것인지에 대한 예측인 반면 불안은 미래의 잠재적인 위험에 대한 불확실한 예측이다.

늘 경계하는 것처럼 힘든 일도 없을 것 같다. 생각만 해도 벌써 지친다. 신체화 증상의 뿌리가 바로 이 불안이다. 신체화 증상의 사전적 정의를 보면 정신적인 문제가 신체적인 증상으로 표현되는 것이라고 되어 있다. 신체화 증상이 있는 환자는 반복적으로 병원에 다닌다. 검사를 시행해서 정상이라는 말을 들으면 그것을 믿지 못하고 다른 의사를 또 찾아간다. 불안장애나 우울증과 같은 정신적인 문제가 관련되어 있기도 하다. 잘 알려진 증상으로는 복통과 메스꺼움, 복부 팽만감, 두통, 숨이 차거나 가슴이 두근거리는 흉통, 가슴 답답함, 피로감, 팔다리에 힘이 빠지는 증상, 음식을 삼키기 어려움 등이 있다. 증상은 하나만 가지는 것보다 여러 개를 오랫동안 갖는 경우가 많다. 의사가 대증요법으로 치료하기도 하지만 사실 특별한 치료 방법은 없고 인지와 행동 치료 혹은 정신과적인 치료가 필요할 수도 있다.[3]

이상은 의학적 지식에 근거한 신체화 증상의 설명인데, 현실적으로는 훨씬 더 다양하고 복잡한 상황에서 신체화가 나타나므로 환자와 가족, 의료진 모두 서로를 답답하게 여기기 쉽다. 환자는 분명히 증상을 가지고 있다. 불편하고 아프다. 약을 먹어서 좋아지지는 않는다. 잠시 위약 효과가 있을 수는 있다. 그렇다고 쉽게 만족할 만한 답에 이르지는 못한다. 증상은 계속되는데 의사는 검사 결과가 정상이니 병이 아니란다. 그러므로 중요한 것은 바로 이것이다. '검사 결과가 정상이라고 해서 정상인 것은 아니다.' 서로가 서로에게 만족하지 못하는 가장 큰 이유는 바로 이 점 때문이다. 휴머니즘의 의료가 이 간극을 메울 구원투수가 될 수 있는데도 불구하고 이런 의료에 취약한 우리 모두는 여전히 증상과 질병에만 매달리고 있다. 이러니 약물 치료와 검사는 계속될 수밖에 없다. 아이가 신체화 증상을 보일 때 가족이

나 의료진은 어느 정도 상황을 눈치챌 수 있어 아이에게 자각하고 극복할 기회를 주는 도우미 역할을 해야 하는데 묘하게도 반대로 하는 경우가 많아 더 문제다.

"배가 빵빵해지면 정말 터질 것 같아서 걱정돼요." 외래 진료실에서 민영이 엄마가 근심 가득한 얼굴로 말했다. 옆에 앉아 있던 다섯 살 민영이의 얼굴은 매우 밝아 보였다. 병원에 놀러 온 것 같은 모습이었다. 몇 달 전부터 배가 불러 있는 민영이가 걱정되어 동네의 작은 병원을 찾아갔더니 엑스레이 촬영을 권유받았고 그 결과 장 안에 가스가 가득 찼다는 얘기를 들었다고 했다. 민영이에게 변비가 있는지 의사가 묻기에 엄마는 매일 변을 보지는 않는다고 답했고 그러자 의사는 변비약을 처방했다. 한 달간 복용해도 배가 불러지는 게 나아지지 않아서 나에게 오게 된 것이다. 물론 변비는 아니었다. "배 속에 무슨 덩어리라도 있는 게 아닐까요?" 걱정하는 엄마에게 나는 되물었다. "혹시 민영이 배가 부른 것이 아침에는 괜찮다가 오후가 되면서 점점 더 부르지 않던가요?" 내 질문에 엄마의 눈이 반짝였다. "맞아요. 자고 일어나면 꺼져 있어요." 배 안에 종양 같은 덩어리가 있다면 하루 종일 배가 불러 있어야 한다. 민영이의 진단명은 공기연하증이었다. 말 그대로 공기를 삼켜서 장 안에 공기가 가득 찬 상태를 의미한다([그림 4]). 일반적으로 공기를 삼켜서 위장 안으로 밀어넣기는 어렵다. 그런데 아이들 중에 큰 숨을 자주 쉬거

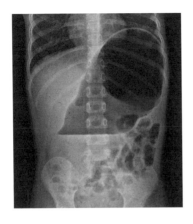

[그림 4] 공기연하증의 복부 엑스레이, 위장의 모습이 선명하게 드러날 정도로 공기가 차 있다.

나 꼴깍거리며 삼킴 행동을 반복할 때 다량의 공기가 장 안으로 들어갈 수 있다. 아이의 이런 행동은 사실 불안감에서 유발된다. 공기연하증은 눈 깜박임이나 마른 기침, 목청 가다듬기 같은 틱 장애와 동일한 기전으로 발생한다. 오후로 가면서 배 속에 공기가 가득 차니 이것은 밤새 트림이나 방귀로 빠져나가고 아침이 되면 배가 홀쭉해지는 것이다.

여섯 살 서희는 6개월 전부터 트림이 많아지고 최근 한 달간 그 횟수가 눈에 띄게 늘어서 동네 병원을 찾았다가 정밀 검사를 위해 나에게 의뢰됐다. 식사와 상관없이 시도 때도 없이 트림을 하는데 "끄윽" 하는 소리가 어찌나 컸던지 유치원에서 친구들이 놀리기까지 했다. 위장에 공기가 많이 차서 트림을 자주 할 수는 있어도 트림 자체가 병은 아니다. 엄마에게 나는 일단 안심부터 시켰다. "어머니, 서희가 트림 자주 하는 건 병이 아닙니다. 아이의 불안감이 신체 증상으로 나타나는 거예요. 서희는 예민하고 걱정 많은 아이죠?" 내 질문에 엄마는 서희가 아주 무서워하는 것이 몇 가지 있는데 하나는 괴물 꿈을 꾸는 것이고 다른 하나는 유치원 버스를 타면 배가 아플지 모른다는 것이었다. 엄마와 서희를 앞에 두고 긴 대화를 해보니 서희는 유치원에 가다가 배가 아팠고 도착하자마자 유치원 화장실로 달려갔지만 바지에 실수한 적이 있다고 했다. 이후로 집이 아니면 변을 보려 하지 않았고 유치원에 가기 전에는 배가 아프다는 말을 입에 달고 산다고 했다. 진찰해보니 배도 부르지 않고 특별한 이상 소견을 발견할 수 없었다. 겁 많고 예민한 서희의 트림은 어느 순간 시작돼 습관처럼 하게 된 것인데, 이는 본인의 불안감을 해소하는 일종의 신체화 증상이었다. 나는 서희에게 트림은 별것 아니고 병도 아니라고 말해주었다. 아무 때나 트림해도 좋으니 걱정 말라고 덧붙이면서 유치원에서 대변 보는 것도 언니가 되어가는 과정으로 누구나 할 수 있다고 격려해주었다. 그리고 엄마에게는 서희의 트림에 관심을 보이지 말아야 하며 대변 보는 것과 복통 같은 것도 자꾸 묻지 말고 서희가 결정할 수 있게 기다려달라고 부탁했다. 유치원 선생님에게도 같은 내용을 전달하기로 했다. 그리고 2개월 후 외래에 온 서희는 트림을 하지 않고 있었고 자그마한 얼굴에는 자신감도 가득해 보였다.

주변에서 자주 접하는 틱은 의사나 일반인 모두 잘 알고 있지만, 공기연하증이나 잦은 트림 같은 복부 증상이 틱과 사실상 동일하다는 것은 대부분의 사람이 인지하지 못한다. 위에서 설명한 두 가지 증상을 나는 '복부 틱'이라고 부르겠다. 불안과 걱정이 유발한 병 아닌 병인 틱은 시간이 흐르면서 변하거나 사라지기 마련이다. 틱이 눈에 거슬린다면서 이것을 지적하고 고치려 들면 더 나빠지기 때문에 어른들이 조심해야 하는데 현실은 그렇지 못하다. 보호자와 의사의 가장 흔한 실수는 아이가 가진 불안감에 대해 그 원인을 고려하지 않고 증상에만 매달려 검사하고 약물로 치료하려 한다는 것이다. 의사가 조금만 노력하면 아이를 불안하게 만든 이유는 쉽게 밝혀낼 수 있다. 꼭 정신건강의학과 의사만 할 수 있는 일이 아니다. 소아청소년과 의사도 환자의 환경, 다시 말해 가족과 아이의 상황에 관심을 갖고 자세히 물어보면 아이의 성격뿐만 아니라 가족 내에서 아이가 겪는 갈등과 두려움을 파악할 수 있다. 한국 의료 시스템의 고질적인 문제인 진료 시간 부족이나 질병 지향적인 진단 및 치료 때문에 복부 틱과 같은 쉬운 원인과 해결 방법을 놓치고 있는 것이다.

　나는 의대생들이나 전공의를 가르칠 때 간 수치 사례를 자주 든다. 먼저 질문을 던진다. "간 수치가 오르는 가장 흔한 원인은 무엇일까?" 학생과 전공의들은 모두 예전에 교과서에서 배웠던 지식을 떠올린다. "A형 간염이요." "B형 간염입니다." "약물을 쓰다가 부작용으로 오는 경우가 많을 것 같습니다." 각각이 간 수치를 올리는 것은 맞지만 이들 사례는 그다지 흔치 않으며 가장 많은 원인은 사실 감기다. "감기요?" 모두가 놀란다. 나는 설명을 이어간다. 감기 든 사람 100명을 데려다가 혈액 검사를 하면 많게는 15~20퍼센트에서 간 수치가 높아져 있는 것이 발견된다. 우리가 왜 모르고 지내는가 하면, 너무 당연한 이야기지만 감기 때 피를 뽑지 않기 때문이다. 그런데 의대 교육에서는 이런 상황을 가르치지 않는다. 질병을 가르친다. 감기는 의사가 심각하게 고민해야 할 질병이 아니다. 당연히 관심 밖이고 감기 바이러스가 체내에서 간을 침범하면 간염도 일으킬 수 있다는 것 또한 중요하게 배우지 않는다. 어떤 상황이 벌어질 때 인간은 가장 먼저 떠오르는 생각을 따르게 되어 있다. 그 생각의 지름길은 대부분 자신이 과거에 겪었던 경험을 기반으로 한다. 인상적이거나 무서웠거나 배웠던 것들이 먼저 떠오른다. 우리는 그것을 '가용성 휴리스틱'이라고 부른다. 다음은 조지프 르두의 『불안』에 나오는 내용이다.[4]

위협 환경이든 아니면 더 평범한 환경이든, 일상 속에서 우리가 의사 결정을 할 때 실제로 결정을 내리는 것은 누구(또는 무엇)인가? 시스템 1은 빠른, 암묵적 시스템으로 의식의 개입을 필요로 하지 않고 자동으로 작동한다. 시스템 1은 또한 휴리스틱이라는 정신의 지름길을 이용한다. 만일 여러분이 위험한 상황에 처한다면, 예컨대 시골길에서 곰을 마주친다면 아마 일단 뛰고 볼 것이다. 네발로 뛰는 덩치 크고 뚱뚱한 동물은 가볍고 두 다리로 달리는 인간보다 느릴 것이라는 일반화에 근거해서 말이다. 이런 전략은 제한된 정보에 근거한 빠른 의사 결정을 가능하게 해줌으로써, 정확성을 너무 희생시키지 않으면서 정신의 작업량을 줄여준다. 휴리스틱 의사 결정은 자연스럽고 보통 유용하지만, 당신을 오도할 수도 있다. 곰은 뚱뚱하지만 발이 매우 빠르다. 병원에서의 수많은 오진은 더 광범위한 평가보다 휴리스틱에 근거한 판단에서 나온다.

의사 결정에 관한 인간의 심리적 시스템은 1과 2로 이루어진다. 시스템 1이 빠른 감정적 판단이라면 2는 신중하게 이성적으로 판단하는 의식적 결정이다. 복부 틱을 가지고 있던 아이의 빵빵하게 부른 배의 모습에서 의사는 예전에 배웠던 복수나 종괴를 떠올릴 수밖에 없고 상황의 맥락을 파악하지 못한 경우에는 복부에 대한 검사에만 집중하게 되는 것이다. 시스템 2를 작동시키려고 해도 가용성 휴리스틱은 의사를 시스템 1로 몰고 간다.

내가 복부 틱으로 분류한 공기연하증과 잦은 트림 말고도 지금까지 사례로 들었던 구역이나 구토, 복통, 변비, 과민성 설사 등은 환자의 불안과 두려움이 유발한 경우가 상당히 많다. 이러한 신체화 증상은 대부분 소화기 증상이긴 하다. 호흡기 장애로는 헛기침, 심장 파트에서는 두근거림과 흉통, 신경 계열로는 두통이나 어지러움도 비슷한 기전으로 나타난다. 그리고 이 증상들은 여러 개가 동시에 발생할 수도 있고 차례로 바뀌어가기도 한다. 어떤 경우라도 환자가 상황을 자각하고 불안을 떨칠 수 있는 자신감을 회복한다면 빠른 시간 안에 증상의 호전을 경험하게 된다. 물론 환자가 아이라면 가족의 자각도 반드시 필요하다. 마지막으로 환자의 병 여부를 판정하는 의사의 역할은 더할 나위 없이 중요하다. 환자의 증상으로부터 질병을 찾아내는 것은 환자와 가족 그리고 의료진 모두가 풀어야 할 과제이지만, 증상이 있다고 그것이 전부 기질적인 원인을 가진 질병은 아닐 수 있다는 점을 잊으면 안 된다. 우리 모두가 주의를 기울이지 않으면 없던 병도 새로이 모습을 드러낸다.

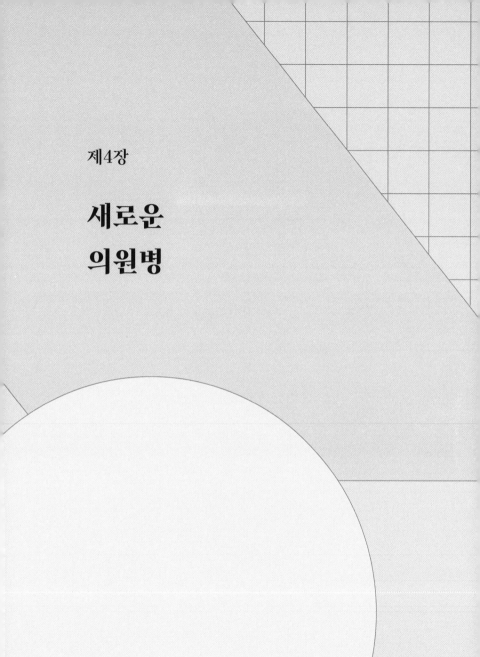

제4장

새로운
의원병

의원병

어디선가 '의원병醫原病'이라는 단어를 들어봤다면 아마 본인이 오랜 기간 아프거나 혹은 가까이에 병원에 자주 다니는 환자가 있는 분일 수 있다. 보통은 일상에서 접하기 어려운 말로 평생 모르고 지내는 이들이 대부분일 것이다. 뜻은 한자 그대로 '의료'가 '근원'이 된 '병'이라는 의미다. 영어로는 Iatrogenesis라고 한다. 몸의 어느 부분이 아픈 것을 말하는 게 아니다. 도리어 의료 행위가 몸을 아프게 만드는 것이다.

19세기 중반 빈 종합병원 안의 분만 클리닉에서 근무하던 산부인과 의사 이그나즈 제멜바이스는 같은 병원에서 벌어지는 정반대의 상황을 두고 혼란스러웠다. 분만 클리닉은 두 곳이 있었는데 한 곳에서는 남자 의대생들이 산모를 돌봤고 다른 곳에서는 산파가 산모를 돌봤다. 그런데 의대생이 관리하는 클리닉에서는 산모 1000명당 98.4명이 사망한 반면, 산파들이 돌보는 클리닉의 산모 사망 수는 1000명당 36.2명이었다. 제멜바이스는 같은 병원 안에서 사망률이 이렇게 차이 나는 것을 도무지 이해할 수 없었다. 그저 남자 의대생들이 산모를 거칠게 다루어서 나온 결과라고 생각할 따름이었다. 하지만 알고 보니 산모의 주된 사망 원인은 산욕열이었다. 산욕열은 출산할 때 생긴 상처를 통해 산모에게 세균이 감염되어 열이 나며, 제대로 치료되지 않으면 사망에 이르기까지 한다. 그즈음 제멜바이스의 동료가 해부 실험을 하다가 해부용 칼로 손에 큰 상처를 입었고 이로 인해 사망하는 일이 벌어졌다. 이를 본 제멜바이스는 산모의 산욕열로 인한 사망을 떠올렸다. 상황이 매우 유사하다고 생각한 그는 고민하기 시작했다. 당시에는 독을 품은 물질 입자가 공기를 타고 전해지면서 질병이 퍼진다고 믿었기 때문에, 해부 실습을 한 의대생이 사체에서 나온 입자를 분만실로 옮겼을 가능성이 있었다. 그는 분만실에 가서 의대생들을 관찰했다. 의대생들은 장갑도 끼지 않은 채 해부 실습을 하고 있었고 피를 묻힌 채 병동을 드나들고 있었다. 반면에 산파는 산모의 분만 전에 특별한 일을 하지 않은 상태였다. 두 분만실의 차이를 파악한 제멜바이스는 세균에 대한 지식이 없었음에도 불구하고 분명히 시체의 감염 물질이 산욕열을 일으켰으리라 판단하며, 분만실 앞에

염소 처리된 석회 용액이 담긴 대야를 설치해 산모를 보기 전에 이 소독액을 사용해 손을 씻도록 했다. 그랬더니 다음 해에 의대 생 병동의 산모 사망률은 1000명당 12.7건으로 급감했다. 지금 이야 의료에서 손 씻기 등의 소독이 아주 당연한 일이지만 당시 에는 의료진의 소독에 대한 개념 부족으로 환자들이 사망했던 것이다.[1] 아마 역사에 나오는 제멜바이스의 이 이야기가 우리가 알고 있는 의원병을 이해하는 데 도움을 주는 대표적인 사례가 될지 모른다. 그런데 그것만이 전부는 아니다. 사실 의사의 실수 로 인한 의원병보다 그렇지 않은 의원병이 더 많고 그것이 겉으 로 보이지 않기 때문에 더 문제가 된다.

1926년 오스트리아 빈에서 출생한 이반 일리치는 로마에서 철학과 신학을 공부한 뒤 신부가 된다. 학자로서의 길도 걸어서 서른 살에 푸에르토리코 가톨릭대학의 부총장이 되었으며, 멕 시코에서 일종의 대안 학문 공동체인 '문화교류문헌자료센터'를 설립해 연구와 사상적인 교류에 매진하기도 했다. 『르몽드』『가 디언』과 같은 유럽의 언론들이 그를 20세기 최고의 지성 중 한 명으로 칭송한 것처럼, 일리치는 철학과 역사, 사회와 경제 등 다방면을 섭렵하는 깊은 통찰을 바탕으로 최고의 역작인『병원 이 병을 만든다Limits to medicine』를 1975년에 출간했다. 저자는 의원병을 임상적, 사회적, 문화적 의원병으로 크게 셋으로 분류 하고 그 개념을 기술했다. 그는 일반 사람들이 생각하지 못한 날

카로운 통찰로 의원병을 정의했다. 일리치는 의사가 자신을 찾아온 환자를 보고 그가 질병에 걸려 있지 않다고 생각하더라도 안전 장치fail-safe의 원칙에 의거해 환자에게 병이 없다고 말해주기보다는 대부분 어떤 질병이 있는 쪽으로 몰고 간다고 했다. 의학적 결정의 규칙이 의사를 압박해 의사는 건강해 보이는 환자에게 병이 있다고 진단하는 안전함을 추구하게 된다는 것이다. 결국 의사의 이러한 행위는 없는 질병을 자꾸만 만들어내게 된다.[2] 그는 1934년에 있었던 뉴욕 공립학교에서의 실험을 고전적인 사례로 들고 있다. 열한 살 아이 1000명을 대상으로 병원에서 편도선 제거술이 필요한지 알아보도록 했는데 61퍼센트에서 편도선 수술이 요구되었다. 다시 나머지 39퍼센트인 389명의 아동을 대상으로 다른 의사 그룹의 진단을 받게 했더니 그중 45퍼센트가 편도선을 절제해야 한다고 통보받았다. 두 번에 걸친 조사에서 수술이 필요 없다고 여겨진 215명의 아이를 대상으로 또 다른 의사 그룹에 문의했더니 이들 중 46퍼센트가 편도선 절제를 권유받았다. 그리고 나머지 116명의 아이를 다른 의사들에게 보냈더니 또 비슷한 확률로 수술을 권유해 편도선 절제술을 받지 않아도 되는 아동은 결국 1000명 중 단 65명만 남게 됐다.

의학의 발전으로 인류가 얻은 혜택은 이루 말할 수 없을 정도여서 그에 대한 반론은 없을 것으로 본다. 그래서 '병원이 병을 만든다'라는 일리치의 생각은 일부에서 실제로 일어나고는 있지만 모든 질병과 의료에 일반화하기에는 어려운 극단적인 주장이라고 할 수도 있다. 그러나 그의 주장이 시사하는 바는 매우 크다. 왜냐하면 지금 이 순간에도 그가 지적한 문제들이 현실로 나타나고 있고 앞으로도 그리 좋아질 것 같지 않아서다. 지식을 앞세우는 의료 전문가 앞에서 국민은 한없이 작아질 수밖에 없다. 의원병을 검색해보면 '의사의 과잉 치료나 의료 사고, 또는 치료의 합병증으로 생기는 질병과 장애를 통틀어 이르는 말'이라고 나와 있다. 여기서 의사의 실수와 치료 과정에서 나타나는 합병증을 주로 언급하고 있는데 꼭 의료진의 잘못으로 벌어진 일만 의원병이라고 할 수는 없다. 이반 일리치는 자기 몸에 대한 이해를 통해 스스로 돌볼 수 있는 증상인데도 불구하고 병원을 찾아가 진료를 받고 의료진을 통해 진단받게 되는 것을 의원병이라고 최초로 개념화했다.[3] 이 개념에 익숙하지 않은 사람이 많을 것이다. 일반적으로 대중이 알고 있는 의원병과 이반 일리치가 말한 의원병은 많이 다르다. 그에 더해 나 또한 일리치의 의견만으로는 의원병을 설명하는 데 불충분하다고 느끼기에 새롭게 개념을 정립하는 것이 필요하다고 본다. 내가 말하려는 의원병의 진정한 의미는 의료진과 환자 그리고 가족, 즉 질병에 관한 당사자들을 앞에 두고 매우 객관적인 사람이 가운데에 있어 그가 각 당사자의 입장을 고려해봤을 때 판단할 수 있는 것으로서, 벌어지지 않을 수도 있는 일이 서로의 상호작용에 의해 부지불식간에 만들어지는 현상을 말한다. 각자는 모두 옳았다. 하지만 결과는 옳지 않은 일이 돼버렸다.

이번 장에서는 21세기의 관점으로 의료 현실에서 벌어지고 있는 의원병을 분류하고 개념을 정립해보고자 한다. 이반 일리치는 사회와 문화적 관점의 의원병으로까지 범위를 넓혔지만 나는 머리말에서 언급했듯이 사회적 의료 시스템 문제는 『개념 의료』의 지적처럼 정부와 보건 전문가에게 맡기고 휴먼 요인에 집중할 것이다. 그래야 우리 자신의 피부에 와닿는 이야기가 되고, 가장 작은 단위에서부터 의원병을 예방할 수 있기 때문이다. 벼룩을 잡아야 초가삼간도 살 만한 집이 된다.

우아한 세계, 의학 지식만으로 환자를 보는 의사

2007년 개봉된 영화 「우아한 세계」는 배우 송강호의 열연이 돋보인 블랙 코미디다. 조직폭력배에 몸담고 있으면서 자기 가족과 조직 모두로부터 소외당하며 좌충우돌하는 아버지의 모습을 그린 이 작품을 보노라면 머릿속에서 한국 사회의 현주소가 오버랩되며 쓴웃음이 지어진다. 현실에서는 가당찮은 우아한 삶을 꿈꾸는 주인공은 가족이 그를 버리고 외국으로 떠난 뒤 1년

이 지나 당뇨병을 얻는다. 이것은 의학적으로 충분히 가능한 설정이다. 외로움과 스트레스에 지친 그에게 아마 절제하지 못한 음식의 섭취와 체중 증가가 당뇨병을 유발했을 것이다. 영화 후반부에 주인공은 의사를 찾아간다. 검사 결과를 들으려고 그는 의사 앞에 앉았다.

의사   (환자를 쳐다보지도 않은 채) 강인구씨죠? 41세고. 술 좋아하시죠?

강인구   네 뭐.

의사   (계속 모니터를 보며) 식사도 제때 못 드시고요.

강인구   ……

의사   (낮은 목소리로) 당뇨 오셨네요.

강인구   (깜짝 놀라며) 네? 당뇨?

의사   혈압도 안 좋고. 일단 2주 정도 약 처방해드릴게요.

강인구   (의사가 더 이상의 언급이 없자 한참 기다리다가) 끝난 겁니까?

의사   예.

강인구   (짜증 내며) 아니 뭐 얘길 해줘야 되는 거 아니에요?

의사   (처음으로 강인구를 슬쩍 보며) 무슨?

강인구   당뇨가 왔다면서요, 당뇨.

의사   (다시 모니터를 보며) 네, 맞습니다.

강인구 아니 맞습니다가 아니라 뭐 먹으면 안 되고 뭘 먹어라 얘기라도 해줘야지.

의사 나가시면 간호사가.

강인구 아니 이 양반아 당신이 의사잖아. 내가 간호사 만나러 왔어? 병원에? 당뇨가 왔디며 딩뇨가. 아 나 참. (욕을 하며) 뭐 앉아가지고 뭐. 당뇨가 감기야? (화를 내며 자리를 박차고 일어나 나감)

이 장면에서 특이한 것이 하나 보이는데, 의사가 주인공에게 결과를 설명하는 내내 한 번도 주인공의 눈을 처다보지 않는다는 점이다. 의사는 모니터와 차트만 바라보고 얘기하고 있었다. 물론 영화의 설정이고 현실에서 이런 모습을 보이는 의사는 거의 없을 것이다. 아니, 그렇게 믿고 싶다. 분명히 이 상황은 정상이 아니다. 이 의사는 인공지능과 똑같았다. 감정은 완전히 배제된 채 팩트만 전달했다. 환자에 대한 아주 작은 동정심을 요구하는 것도 아니다. 의사로서 가져야 할 최소한의 배려가 없었다. 의사에게 왜 그렇게 응대했냐고 물어보면 무엇이 문제냐고 되물어올지도 모르겠다. 그 의사는 의학 지식에 기반하여 환자에게 정확한 정보를 전달할 소임을 다한 것으로서 그 이상도 이하도 아니었다. 제3자가 볼 때는 잘못됐는데 본인은 결코 잘못하지 않은 것이다. 하지만 환자는 상처를 받았다. 마음의 상처.

주인공이 화를 잘 내는 성격의 소유자여서 화를 낸 것이 아니다. 영화를 보고 있는 우리 모두 화가 나는 상황이었다. 당뇨가 감기 급이었어도 의사는 그렇게 하면 안 된다. 영화에서 보여주는 이 사례는 의원병을 바라보는 관점에서 과거와는 달라진 미묘한 변화를 전해주고 있다. '의사가 옳은 말을 하더라도 환자는 피해를 볼 수 있다.' 이 말은 두 가지 의미를 내포한다. 영화에서처럼 환자가 마음의 상처를 입는 피해를 얘기할 수도 있고, 더 중요한 것은 의학 지식으로만 환자를 볼 때 전혀 예상하지 못한 의원병이 발생한다는 의미다. 제3장에서 다뤘던 성진이의 사례는 대표적으로 의사가 의도하지 않은 의원병이 된다. 심인성으로 유발된 복통과 구토를 두고 의사는 증상에 초점을 맞춰 검사를 진행했으며 우연히 발견된 작은 이상 소견으로 그 증상을 모두 설명하려다보니 내시경, 조직 검사, 심지어 수술까지 하게 되는 것이다. 이반 일리치가 언급한 바로 그 의원병이다. 일리치의 책이나 내가 쓴 이 글을 보고도 대부분의 의사는 자신은 그런 실수를 하지 않았다고 말할 것이다. 그만큼 스스로의 의료 행위에 자신감을 가지고 있을 텐데 그래서 문제가 더 심각하다. 의사 본인은 올바른 의료 행위를 했다지만 실상 피해를 보는 환자들이 존재한다.

『블랙 스완』의 저자 나심 탈레브는 2013년 작 『안티프래질』에서 '어설픈 개입'의 의미를 다뤘다.[4] 원어로는 Naive interventionism이다. 사전에서 Naive를 찾으면 '순진하다'는 의미가 강하다. 한국어판에서 '순진한 개입'이 아닌 '어설픈 개입'으로 번역한 것은 참으로 적절하다. 의사가 의도적으로 환자에게 피해를 주려고 한 것은 결코 아니다. 있는 그대로, 즉 순수한 마음에서 검사나 치료를 해주려고 했는데 결과는 엉뚱한 방향으로 흘렀다. 말 그대로 어설프게 개입이 된 것이다. 나심 탈레브도 의원병을 사례로 들며 '어설픈 개입'을 설명해나갔다. 아는 것과 모르는 것을 명확히 구분 짓는 것은 사실 어렵다. 인간은 자신이 모르는 게 무엇인지 안다. 그나마 이 '메타 인지' 덕분에 인간이 인공지능보다 우월하다며 체면치레를 하게 된다. 하지만 자신이 모르는 것을 안다고 자주 착각하는 우리는 '순진한 실수'를 저지르고 그것이 실수인지도 모른 채 만족하고 산다. 코란에서는 이렇게 말한다. "스스로 자신이 옳다고 생각하는 사람들이 잘못된 생각을 하고 있는 것이다."[5] 그리고 그 중심에는 전문가들이 있다.

의과대학을 졸업하면 의사가 된다. 그런데 의대 교육과정은 정말로 지옥 훈련이다. 세상에 질병이 얼마나 많은가? 학부 때 학생들은 이 모든 병에 대해 기전을 찾는 기초과학에서부터 첨단 치료에 이르기까지 다 배우고 실습하고 시험을 치른다. 수면 시간이 부족한 것은 당연하다. 일방적으로 지식을 전달하는 교육의 문제점을 잘 알고 있기 때문에 모든 의대에서는 또 의료인문학을 가르치며 의사로서의 프로페셔널리즘을 접목시키는 노력을 기울이고 있다. 하지만 의료인문학은 학점 관리에 그다지 영향을 미치지 못한다. 시간에 쫓기는 의대생들이 외면할 수밖에 없는 이유다. 학부 과정에서 휴머니즘을 제대로 접하지 못한 상태로 졸업한 그들은 환자를 직접 보는 현실에서 의학 지식에 매달리는 것이 당연하다. 증상을 듣고 검사를 하고 진단을 한다. 하나도 이상할 것이 없다. 그런데 의학은 1 더하기 1이 2가 되지 않는 대표적인 학문이다. 의학 교과서는 내과학이나 외과학 등 모든 분야에서 잘 갖춰져 있지만, 특이한 점은 책에 적혀 있는 대로 환자가 아프지 않다는 것이다. 교과서에 기술된 것처럼 환자가 아프고, 교과서가 지시하는 처방대로 의사가 치료했을 때 환자가 나으면 그야말로 '우아한 세계'다. 질병에 관한 한 그다지 '우아하지 못한 세계'에 살고 있는 우리는 한번쯤 왜 그럴까에 대해 생각해봐야 한다. 의료진이 환자를 볼 때 의학 지식으로만 접근하면서 환자 주변에서 벌어지고 있는 수많은 변수를 간과하면 정확한 진단뿐만 아니라 치료에 있어서도 오류가 발생하게 된다. 복통을 예로 들면, 그 통증이 주관적일 수밖에 없기 때문에 환자가 말하는 복통 이외에 주변 사람들이 느끼는 환자의 고통도 고려해야 하며, 검사로 나타나는 객관적인 증거도 확인해야만 한다. 배가 아프다는 환자의 말 한마디에 배의 통증을 경감시키는 진경제를 바로 처방하는 것이 올바른 진료가 아니라는 말이다. 복통이 발생한 상황과 전후 맥락, 그리고 진행되는 경과는 환자의 정보만으로는 불충분할 수 있다. 그래서 의료진은 환자 가족을 비롯한 주변 사람들의 이야기도 들어 종합해서 판단해야 한다. 환자가 호소한 증상을 의사가 자신이 알던 의학 지식으로 바로 연결해버리면, 없던 병도 생길 수 있는 것이 '우아하지 못한 세계'에서 흔하게 벌어지는 일이다.

「우아한 세계」의 이 장면은 환자에 대한 고려와 배려 없이 의학 지식만 전달하는 매정한 의사를 극단적으로 표현하고 있는데, 물론 그의 진단이 틀린 것은 아니어서 추후에 어떻게든 치료는 제대로 이루어질 것이다. 하지만 환자가 받은 마음의 상처는 금세 사라지지 않고 뇌에 자리잡을 확률이 높아 의료진에 대한 불신의 씨앗을 심어주었을 가능성이 높다. 이것은 또 다른 오류와 편향의 시작이다. 영화 내용대로라면 주인공은 다시는 병원을 찾지 않을 수 있어 당뇨가 악화될 개연성도 있다는 의미다. 먼 미래에는 배려 없는 의사의 진료로 인해 환자의 마음이 다치면 이것 또한 의원병으로 분류하자고 누군가 주장할지도 모르겠다. 환자의 상황을 정확하게 파악하지 못한 의사의 어설픈 개입은 분명히 의원병으로 진행하는 지름길이 되지만, 반면 의학 지식으로만 반응한 의료 행위 역시 환자에게는 득이 되지 못함을 알 수 있다.

의학 지식으로만 행한 진료도 크게 보면 '어설픈' 범주에 속한다. 이래도 어설프고 저래도 어설플 수 있어서 일반인의 생각으로는 걱정만 앞선다. 그런데 이 시점에서 곰곰이 따져봐야 할 것이 있다. '어설픈 개입'은 의료 현장에서만 벌어지는 것이 아니다. 우리 일상에서 나타나는 대표적인 현상이다. 특이한 점이 있다면 피해자는 존재하는데 가해자는 부인한다는 것이다. 왜냐하면 가해자가 의도를 가지고 그런 것이 아니라 오히려 순수한 마음으로 도와주려고 했기 때문이다. 그것이 상대방의 입장을 고려하지 않은 채 자신의 사고 범주에서 행해졌기에 문제가 되는 것이다. 세상을 이루는 가장 근본 단위인 가족 내에서 숱하게 발생하는 일이지만 우리는 모르고 지나가거나 알고도 서로 눈 감고 있다.

가족원병, 내 가족이 만드는 병

내가 강의할 때 자주 드는 사례 하나를 이야기해보려 한다.

외래를 방문한 열세 살 민재는 말없는 아이였다. 6개월 전부터 하루에 100번 이상의 트림을 해서 위장에 문제가 있어 보인다는 이유로 엄마, 아빠, 누나와 함께 내 외래에 왔는데 정작 본인은 아무 얘기를 하지 않았다. 엄마가 증상을 얘기했다. "트림을 많이 하면서 동시에 배가 아프대요. 매일 대여섯 번씩 배꼽 주위로 복통을 호소하고 대변을 보면 좀 나아집니다."아빠도 증상에 대해 보충 설명을 했다. "애가 생활하기 위해서 일부러 트림을 참는 것 같습니다. 음식 먹고 바로 눕는데 그게 문제 아닌가요?"누나는 민재가 라면을 매일같이 먹는 게 걱정되고 게임할 때는 트림을 하지 않는다고 거들었다. 온 가족의 걱정 섞인 호소가 한 차례 지나간 뒤 잠시 정적이 흘렀다. 내가 민재를 쳐다보며 물었다. "민재야, 어떻게 아픈 거니?"잠시 후 민재가 입을 열었다. "트림을 참으면 항상 위에서 꾸르륵 소리가 나고 윗배가 아픈 것 같아요."천천히 진찰하면서 보니 민재에게 질병이 없을 거라는 확신이 들었다. 민재의 가족이 답을 주고 있었다. 민재가 얘기하려고 하면 엄마가 먼저 말하고 누나가 끼어들었다. 민재는 말이 없는 아이가 아니고 말할 기회가 없었던 것이다. (…) 입이 짧았던 민재는 어려서부터 식이에 대한 강요를 받았고 지적당했으며 자신이 의견을 내도 늘 무시당해 왔다. 어느 날 트림이 시작됐고 불안할 때면 습관처럼 하게 되었는데 틱 장애와 마찬가지로 이제는 안 하고는 못 배기는 상황이 되어버렸다. 민재는 집 안에서 결정권이 없었고 엄마, 아빠, 누나가 민재의 모든 일을 결정해주었다. 처음에는 반항도 했지만 이제는 가족이 하자는 대로 또 시키는 대로 따르기만 했다. 그것이 민재가 편하게 살아가는 방법이었다.

내가 알아내고 추론한 모든 상황과 맥락을 설명하고 가족을 쳐다보았다. 민재는 슬며시 미소를 띠고 있었다. 아빠도 누나도 이해를 하는 눈치였지만 엄마는 여전히 걱정스러운 표정이다. 마무리를 지을 시간이었다. "정말 병인지 아닌지 진찰만 가지고는 모릅니다. 제가 설명한 것이 맞으려면 기본적인 혈액이나 영상 검사에서 정상이 나와야 해요. 민재야 검사해볼까?" 민재의 눈을 보며 답을 기다리는데 엄마가 말했다. "밖에 나가서 저희끼리 먼저 상의해볼게요." 모두 나간 뒤 진료실 밖에서는 엄마와 아빠 그리고 누나의 목소리만 들려왔다.[6]

온 가족이 민재를 사랑했다. 아니 아꼈다는 표현이 맞을지도 모르겠다. 아들을 사랑하고 동생을 아끼는 마음은 과잉 보호로 이어졌다. 민재에게 무슨 일이라도 생길까봐 가족은 늘 노심초사한 듯했다. 가족 구성원의 성향은 아마 모두 예민한 타입이었을 것이다. 예민하다는 것은 쉽게 불안해지는 것을 의미하며 그것은 걱정으로 표현된다. 걱정했던 것이 미래에 실제로 벌어지면 그것은 본인들에게 손실이 되기 때문에 인간의 본성인 손실 기피 현상은 가족으로부터 민재에게 투사된다. 무엇이든 잠재적인 위험에 대비하는 경향을 보인다. 그나마 민재는 예민함이 덜했을 수도 있다. 하지만 민재는 자기 의견을 피력할 수 없었다. 걱정 많은 사람들 속에서 걱정이 덜한 사람은 이상해 보일 수

있기 때문이다. 자기 결정권은 이미 날아가버렸다. 과보호 속에
서 살아온 민재도 이제는 사춘기에 접어든다. 생각이 많아졌다.
분노는 자신의 무력감과 합쳐지며 스스로를 불안에 빠지게 한
다. 불안이라도 떨치고 싶은데 방법이 없다. 그때 나타나는 것이
신체화 증상이다. 잦은 트림은 복통, 구역감 혹은 구토와 더불어
대표적인 장의 신체화 증상이다. 병원에 가면 의사는 아마 위장
에 문제가 있다며 위내시경이나 위장관 조영술을 권하고, 가스
제거제나 제산제를 처방했을 것이다. 그게 아이에게 도움을 주
었을 리 만무하다.

　나는 여기서 '가족원병家族原病'이라는 단어를 사용하려 한다.
의원병Iatrogenesis이 의료를 의미하는 iatro와 기원을 의미하는
genesis를 합쳐서 만든 단어이므로 그에 준하여 familiogenesis
라고 명명하겠다. 민재의 가족이 민재를 아프게 하려고 한 것은
절대로 아니며, 언제나 도우려고 했다. 하지만 병원을 찾는 그날
까지도 그것이 민재에게 해가 됨을 눈치채지 못했다. 수시로 간
섭을 받았던 민재는 몸과 마음 모두 고통을 받으며 살아왔다. 가
족의 마음은 순수했지만 '어설픈 개입'으로 인해 '가족원병'으로
귀결된 것이다.

　내가 경험한 바로는, 신체화 증상을 보이는 아이들은 기질이
상당히 예민했고, 공통적으로 부모 중 최소 한 명이 예민했다.
부모가 예민해서 걱정이 많으면 아이를 양육하는 데 매우 신중

해진다. 그 신중함은 아이에 대한 간섭과 과보호로 이어지고, 아이는 유전적으로 내려받은 예민성에 더해 환경적으로도 예민하게 키워지기 때문에 늘 불안하고 걱정 많은 아이가 된다. 예를 들어보겠다. 과민성 복통을 가진 많은 아이가 학교에서 변 보는 것에 대해 거부감을 보인다. 너무 깔끔해서 학교 화장실의 위생 상태를 싫어할 수도 있고 혹은 수업 중에 배가 아파 참다가 결국 변을 보러 중간에 나가야 했던 나쁜 기억이 있을 수도 있다. 예민한 성격은 이런 기억을 담아두는 경향을 보이는데 문제는 예민한 부모도 이 상황이 걱정돼 오후에 집에 돌아온 아이에게 계속 묻는다는 것이다. "오늘은 배 안 아팠어?" "아무 일 없었니?" 아이는 잊고 싶은데 잊을 만하면 부모가 자꾸 기억을 깨우치는 상황에 놓인다. 부모의 근심 어린 표정에서 아이는 또다시 무력감을 쌓게 되는 것이다.

하버드대학 심리학과의 제롬 케이건 교수는 450여 명의 생후 4개월 된 아기들을 대상으로 성격 형성에 있어서 유전적 기질이 작용함을 확인하고자 실험을 했다. 아이들을 놀라게 하거나 낯선 상황을 연출해 어떻게 반응하는지 기록했는데 어떤 아이들은 놀라서 몸을 들썩거린 반면 또 어떤 아이들은 별 반응을 보이지 않았다. 이들을 고반응군과 저반응군으로 명명하고 몇 년 간격으로 추적 관찰했더니 고반응군이었던 20퍼센트는 사춘기 때도 소심하고 불안해하는 과도공포 유형이 되었으며 저반응군이었던 40퍼센트는 최소공포 유형이 되어 있었다.[7] 이 연구에 따르면 일반 사람의 20퍼센트 이상은 예민한 기질을 타고났다고 보는 것이 맞다. 예민함은 불안과 걱정으로 표출되는데, 사실 이런 기질을 통해 미래에 대비하는 면에서는 크게 도움이 되겠지만, 다른 한편 이와 같은 가족 원병은 과도한 예민함의 부작용으로서 발생할 수밖에 없다. 내 외래에 온 과민성 복통, 구토, 설사 환자와 그 가족들에게 그동안 벌어졌던 상황 맥락을 자세히 설명해주면 꽤 많은 부모와 환자가 눈물을 보인다. 부모는 자책하며 울고 환자는 자기 속마음을 누군가 알아줬다는 안도감에서 눈물을 흘린다. 이렇게 상황을 깨우친 가족은 자신을 괴롭혔던 아이의 신체화 증상으로부터 벗어날 가능성이 높아진다. 가족 간에 공감과 통찰이 일어난 것이다.

소아의 아토피 피부 증상은 음식 알레르기와 관련이 많다. 상당수가 나이 들면서 호전되는데 가려워서 자주 긁고 겉으로 보기에도 정상이 아닌 아이의 피부는 부모의 마음을 아프게 한다. 소아 아토피와 음식 알레르기를 전공하는 동료 교수는 이렇게 말했다. "외래에 오는 아토피와 음식 알레르기 환자의 엄마 중에 예민한 분들이 많아요. 아이 피부가 나쁘다보니 걱정돼서 그런가 이것저것 요구 사항이 많습니다." 나는 이 말을 듣고 반대되는 관점에서 생각해봤다. 아이가 아프니 부모가 예민해지는 것은 당연하다. 그렇지만 다른 전문가들의 얘기를 들어보면 정상적인 성장 과정에서 겪을 수 있는 아토피 같은 피부 알레르기 증상에 부모가 과민하게 반응해 어려서부터 치료를 다양하게 받아 오히려 피부가 더 자극되며 재발과 악화를 반복하는 사례가 상당하다고 한다. 과도한 걱정이 도리어 아이에게 피해를 준 것이다.

가족원병은 의원병과 맥락을 같이한다. 대부분의 의원병은 의사가 이 상황을 의도적으로 만들려고 한 것이 아니다. 선의의 의료 행위에서 우연찮게 발생하는 나쁜 결과가 의원병이다. 그런데 가족원병은 조금 더 복잡하다. 의도적으로 유발될 수 있어 특히 문제가 된다.

가스라이팅 그리고 대리인에 의한 뮌하우젠 증후군
: 의도적인 가족원병

잭은 흉악한 마음을 품게 됐다. 윗집에 혼자 사는 나이 든 부인은 보석을 많이 가진 듯했다. 이 여자를 죽이면 그녀의 보석을 남몰래 손에 넣을 수 있을 거라 생각하고 실행에 옮겼다. 그녀를 살해하고는 한밤중에 그 집에 침입해 보석을 찾기 시작했다. 깜깜한 방에서 보석을 찾기란 매우 어려운 일이었다. 가스등을 켜야만 했다. 1930년대 당시에는 한 건물에 사는 여러 집이 가스를 나눠 썼기 때문에 한 집이 가스등을 켜면 다른 집의 불은 어두워졌다. 잭이 윗집의 가스등을 켜고 보석을 찾던 날, 아내 벨라가 집 안 가스등이 어두워졌고 윗집에서 시끄러운 소리가 났다고 말했다. 잭은 가슴이 철렁했다. 들킬 수도 있겠다는 생각이 들었다. 벨라를 속여야만 했기에 꾀를 냈다. 집에서 쓰던 물건을 몰래 숨기고는 벨라가 잘 잃어버린다면서 몰아붙이기 시작한 것이다. 벨라가 가스등 불빛이 어두워졌다고 말해도 잭은 그렇지 않다고 호통을 쳤다. 과민하게 반응한다며 아내를 지속적으로 탓하자 아내도 자신에게 문제가 있다고 믿기 시작했다. 벨라는 자신의 현실 인지 능력을 의심하게 되었고 판단력은 점점 흐려져갔다. 무기력에 빠진 아내는 시간이 흐를수록 남편 잭에게 더 의존하게 되었다.

이상은 1938년 패트릭 해밀턴이 연출한 연극 「가스등 Gaslight」의 줄거리다. 최근 언론에 많이 오르내리는 단어 '가스라이팅'은 이 연극에서 유래됐다. 시사상식사전을 보면 가스라이팅이란 타인의 심리나 상황을 교묘하게 조작해서 그 사람이 스스로를 의심하게 만듦으로써 타인에 대한 지배력을 강화하는 행위라고 되어 있다.[8] 주로 가족, 친구, 연인 등 친밀한 관계에서 이루어지는데, 수평적이기보다 비대칭적 권력으로 누군가를 통제하고 억압하려 할 때 나타난다. 정신적 학대의 한 유형으로서 직장 내 가스라이팅으로 인한 자살 피해도 보도되지만 원칙적으로는 가해자가 피해자를 위한다는 명목으로 가스라이팅을 실행하기 때문에 피해자는 자신이 당하고 있다는 사실을 모르기 쉽다. 게다가 가스라이팅의 어원이 된 연극 「가스등」은 원래 가까운 사람을 환자로 만들어 가해자가 이득을 보려고 한다는 내용이다. 일반적으로 사람들이 정신적 학대를 가스라이팅이라고 표현하지만 진정한 의미로는 '가족원병'이라고 할 수 있다. 앞서 말한 가족원병이 의도가 없는 것이었다면 이 가스라이팅은 의도가 있는 가족원병이다.

뮌하우젠은 1720년에 태어나 1797년에 사망한 독일의 남작이다. 그는 세상 곳곳을 여행하며 드라마 같고 말도 안 되는 이야기들을 남겨 허풍선이 남작으로도 유명하다. 1951년 미국의 정신과 의사인 리처드 애셔는 신체적인 이상이 없음에도 타인의 관심을 끌기 위해 질병에 걸렸다고 거짓말하거나 자해하는 정신 질환을 「허풍선이 남작의 모험」의 주인공 이름을 빌려 뮌하우젠 증후군Munchausen syndrome이라 명명했다.(정작 뮌하우젠 남작은 이 증후군 환자가 아니었고 세상을 드라마처럼 즐긴 귀족이었을 뿐이다. 애꿎게도 이 이름은 또 하나의 증후군에 차용되는 운명을 맞게 되니 저세상에 있는 뮌하우젠 남작에게는 영광일지 고통일지 가늠이 되지 않는다.) 연극 「가스등」에서나 있을 법한 스토리가 현실에서 실제로 존재하자 진단명에 또다시 남작이 들어간다. 즉 '대리인에 의한 뮌하우젠 증후군Munchausen syndrome by proxy'

이다.

　마지막 순서로 외래에 들어온 세 살 된 해진이의 엄마는 자리에 앉자마자 다짜고짜 두툼한 서류 봉투를 꺼냈다. 내가 안녕하세요 하고 인사를 꺼내기가 무섭게 해진이 엄마는 속사포처럼 이야기를 쏟아내기 시작했다. 처음에는 나와 옆에 있던 전공의 둘 다 엄마가 하는 얘기를 잘 이해하지 못했다. 게다가 혼자 흥분하면서 소리 높여 말하는 바람에 집중하기 어려웠고, 해진이의 과거와 현재를 왔다 갔다 하는 통에 한참을 듣고 나서야 어렴풋이 줄거리를 알게 됐다. 서류가 두꺼웠던 이유는 그동안 수도권의 큰 대학병원 네 군데를 들러 입원과 외래 진료를 반복한 결과지를 모두 복사해왔기 때문이다. 요약하자면 다음과 같은 내용이다. 아이는 조산으로 태어났다. 신생아 중환자실에 오랜 기간 입원해 있었는데 이때 일이 벌어졌다고 한다. 그 당시 아이가 감전됐다는 것이다. 사실 신생아실 인큐베이터 안에서 감전될 가능성은 거의 없는데 무슨 이야기인지 이해가 되지 않았다. 그 후로 장 마비가 왔고 전기가 내장을 관통한 후유증으로 해진이에게 장 출혈이 나타났다고 했다. 최근에 대변에 피가 묻어 알게 됐으며 모 대학병원에 가서 위장과 직장의 내시경을 시행했다고 엄마는 말했다. 그러면서 복사해온 내시경 사진을 내게 보여주며 그 사진을 보고 장 출혈이 맞는다는 진단서를 써달라고 했다. 건네준 사진을 보니 내시경을 하면서 흔하게 발생할 수 있는 접촉 출혈의 모습이 찍혀 있었고, 직장 부분에는 거뭇거뭇한 음식물 찌꺼기가 보였는데 엄마는 그것이 출혈이라고 우기고 있었다. 내가 직접 시행하지도 않은 내시경 사진만 보고 상대가 원하는 대로 진단서를 쓰는 것은 말도 되지 않았다. 하지만 엄마는 막무가내였다. 그동안 거쳐온 다른 병원들에서도 비슷한 일이 벌어졌을 듯싶었다. 무슨 이유인지 모르지만 엄마는 해진이를 환자로 몰아가고 있었다. 해진이를 쳐다봤다. 아무것도 모르는 아이는 언성 높이는 엄마 옆에서 계속 칭얼대고 있었다. 성장 곡선을 봤더니 잘 크는 중이었다. 아이의 행동에서 특별한 이상을 발견할 수는 없었다. 엄마 말대로 전기 감전으로 시작해서 장에 큰 손상을 입었다면 아이는 어디선가 성장 장애를 보였어야 하는데 그렇지 않았던 것이다. 엄마는 왜 우겨야만 했을까? 큰 병원의 의사들을 찾아다니며 자신이 원하는 것을 얻으려는 의도가 무엇인지는 알 수 없지만 분명한 점은 해진이가 아파야만 엄마가 이득을 보는 상황일 것 같다는 점이었다. 대리인에 의한 뮌하우젠 증후군이었다.

뮌하우젠 증후군은 자신이 아픈 척함으로써 타인의 관심을 끄는 정신 질환인데, 대리인에 의한 뮌하우젠 증후군도 정의상으로는 자식같이 가까운 사람이 아프다며 극진히 간호하는 모습을 연출함으로써 타인의 관심이나 칭찬을 받으려는 정신과적 질환이다. 해진이 엄마가 의도했던 것이 자신에 대한 관심인지 아니면 내가 모르는 다른 무엇인지 파악하기 어렵지만, 어떤 경우든 자기 이득에 집착하는 모습에서 해진이가 피해자가 되어가는 과정이 몹시 안타까웠다. 이러한 질환은 가족같이 가까운 사이에서 나타나는 것이 더욱 문제다. 가족이기에 당사자들도 잘 모르며 다른 사람들은 아예 눈치채지 못한다.

70대 후반의 할아버지가 있었다. 젊어서부터 건강에 문제가 많았던 그는 여러 의사를 거쳐왔기에 매일 복용해야 하는 약이 한 움큼이었다. 집안에 장수한 사람 없이 모두 지병으로 일찍 세상을 떠서 본인에 대한 걱정이 많았고, 건강 문제로 일찍 은퇴한 이후로는 장성한 자식들의 도움을 받아 생활해왔다. 부인과 아들딸, 그리고 며느리와 사위 모두 할아버지의 건강 관리에 지원을 아끼지 않았다. 집안에서 할아버지는 더 이상 아프면 안 되는 존재가 되어갔다. 가족들의 헌신적인 도움 덕분이었는지 그는 경제적인 문제가 해결되자 주식에 손을 댔고, 큰 손해를 보는 바람에 가족들이 말렸지만 아랑곳 않고 계속 주식에 투자했다. 자식들이 보기에 매일 아프다고 말하는 할아버지는 정신만큼은 말짱해 보였다. 그는 이득과 손해에 매우 민감한 사람이었다. 그래서인지는 몰라도 자식에게 받기는 하지만 거꾸로 베푸는 데는 인색했다. 다른 집 할아버지처럼 손자의 생일을 챙기거나 하는 일도 없었다. 아들과 딸은 당연하게 여기고 살아왔지만 며느리와 사위가 보는 관점은 약간 달랐다. 집안이 할아버지 위주로

만 돌아간다는 사실을 알아차린 것이다. 그가 내뱉은 말은 상처가 되었는데 가만 생각해보면 그 말들은 자기 위신을 세우거나 자신을 챙기는 데 급급한 것이었다. 며느리와 사위는 본인들뿐만 아니라 남편인 아들과 아내인 딸도 그동안 부친으로부터 '가스라이팅'을 당해왔다는 생각을 지울 수 없었다. 반면 자식들은 스스로 괜찮다고 여기며 지내온 듯했다. '할아버지'라는 말 앞에는 항상 '아픈'이라는 수식어가 달려 있었고 '아픈 할아버지'는 집안의 주인공이었다. 어느 날 며느리가 용기를 내어 남편에게 자세히 상황 설명을 했다. 이번에는 남편도 아내 말에 동감했다. 남편의 생각을 바꾼 결정적인 원인은 어머니의 건강이었다. 최근 들어 아버지가 말하기를 네 어미한테 치매기가 있어서 병원에 자주 간다고 했다. 아들이 보는 어머니는 정상 같았다. 노화에 따른 자연적인 건망증과 기억력 감퇴라고 여겼는데 어머니는 두통에 식욕 부진과 어지러움까지 호소하고 있었다. 걱정된 아들은 어머니가 다니는 병원의 의사와 연락하게 됐는데 들려온 결과는 뜻밖이었다. 어머니는 그 연세치고 매우 건강한 분이라는 것이었다. 아들은 당황했다. 지난 수십 년간 알아온 것이 사실이 아닐 수 있다고 의심하던 차에 아내가 그런 얘기를 꺼냈기에 그 말을 귀담아들은 것이다. 얼마 후 명절이 다가왔지만 아들은 다른 식구들이 부모님 댁에 오지 않도록 한 뒤 부모를 독대했다. 그리고 아버지에게 캐물었다. 그 자리에서 아버지는 횡

설수설했고 어머니는 어리둥절해하고 있었다. 어머니는 그동안 남편의 고집이 워낙 세기에 그냥 시키는 대로 따라했다며 자신도 여기저기 아픈 것으로 믿어왔다고 털어놓았다. 결국 알아낸 사실은, 아버지는 본인이 아프다는 것을 무기로 이용했고 아내를 같이 환자로 몰아가서 자식들로부터 더 많은 동정심과 이득을 얻어냈다는 것이다. 그 할아버지는 일종의 뮌하우젠 증후군과 대리인에 의한 뮌하우젠 증후군을 동시에 가지고 있었다. 물론 그가 정신 질환을 앓고 있지 않았을 수도 있다. 하지만 모든 질병이 그렇듯이 병과 정상의 경계는 애매모호하다. 정신 질환이 아니었어도 그 스펙트럼에는 들어가 있는 것으로 보인다.

가족 내에서 벌어지는 이러한 가스라이팅은 사실 꽤 흔할 것으로 예상된다. 피해자는 있는데 권위를 가진 가해자가 부인하는 순간 진실은 묻히는 법이다. 가족이라는 작은 조직에서도 누군가 이득을 얻으려고 할 때 그 의도가 도를 넘으면 가족원병이 생길 수밖에 없다. 서로를 잘 아는 가족이라는 작은 조직에서 혼자서만 이득을 취하려고 하면 나머지 구성원은 바로 알게 되는 것이 당연한데도 가족 내부의 미묘한 분위기는 그 사실을 눈감아주는 방향으로 움직이니 아이러니가 아닐 수 없다. 그 아이러니를 가족 내 가해자는 본능적으로 이용하는 법이다. 내부 고발이 일어나기 가장 어려운 집단이 바로 가족인 것이다.

의가족원병, 모두의 책임

자동차 여행을 좋아하는 아빠는 오늘 신이 났다. 네 살 된 아들을 데리고 처음으로 땅끝마을 해남에 장거리 여행을 가는 날이기 때문이다. 엄마도 꼼꼼하게 짐을 챙기느라 정신이 없었다. 준비하다보니 예정된 출발 시간보다 많이 늦어지고 있었다. 아빠는 내비게이션을 켜고 고속도로 상황을 점검해봤다. 한 시간 전보다 차량이 많이 늘어 정체 구간이 길게 나타났다. 아내를 재촉해서 출발하고 겨우 고속도로에 진입했는데 역시 도로는 꽉 막혀 있었다. 애써 짜증을 누르고 라디오에서 흘러나오는 음악에 맞춰 흥을 내려던 순간 뒷자리에 앉아 있던 아들이 말했다. "엄마, 쉬." 아빠는 옆자리의 아내를 쳐다봤다. 아내도 눈이 동그래지며 남편을 같이 쳐다봤다. 두 사람은 동시에 같은 생각을 하고 있었다. '어떡하지?' 휴게소까지는 한참 남았는데 차는 거북이걸음을 하고 있으니 방법이 없었다. 자기를 약간 원망하는 남편의 눈초리에 아내도 짜증이 났다. "아이 참, 아까 짐 챙기느라 오줌 누이고 오는 걸 잊었네. 당신 폰만 쳐다보지 말고 나 좀 도와주지 그랬어?" 아내의 목소리 톤이 올라갔다. 남편의 얼굴 표정도 점점 어그러지고 있었다.

자, 이 글을 읽는 독자들도 충분히 경험할 수 있는 상황이다. 아마 부부는 잠시 갓길에 차를 세우고 내려 뒷자리로 가서 아들

옆에 앉아 어떤 도구를 이용해서라도 아이의 소변을 받거나, 혹은 도로변에 내려 주위 눈치를 보며 아이로 하여금 길가에 소변을 보게 했을 것 같다. 그런데 이야기는 여기서 끝나지는 않는다. 이후에 아이가 자동차를 타고 조금 더 멀리 가야 하는 상황이 되면 아빠와 엄마는 어떤 대비를 할까? 아이로 하여금 미리 소변을 보고 차에 타도록 다그칠 것이다. 문제는 아이의 성향이다. 만일 예민하고 소심하다면 서너 살 된 아이의 뇌는 편도체와 해마를 이용하는 학습을 시작할 것이다. 두려움의 뇌 편도체와 기억의 뇌 해마는 아이가 느꼈던 좋지 않은 감정과 기억을 반복하게 만든다. '나는 어디를 가더라도 소변을 꼭 봐야 해. 그러지 않으면 엄마 아빠가 싫어하니까.' 아이의 생각은 어른의 그것과는 완전히 다른 방향으로 흐른다.

그 후로 아이가 소변을 자주 보기 시작한다. 부모가 놀라 '빈뇨증'을 검색해보니 방광염의 대표적 증상이라고 나와 있었다. 소아과 의원을 찾아 물으니 의사는 방광염 가능성이 있다면서 항생제 치료를 권유했다. 세파 계열 항생제를 먹이자 얼마 후 아이가 붉은 대변을 봤다. 세파계 항생제 중에 대변 색깔을 혈변처럼 보이게 만드는 약이 있는데 이를 모르는 의사나 부모는 당황할 수밖에 없다. 큰 병원에 갔더니 급성 세균성 장염이 의심되니 아이를 입원시키라고 한다. 입원한 아이는 즉시 주사 항생제를 투여받았다. 며칠이 지나 퇴원을 준비하는데 아이가 복통을 호소했다. 급히 초음파를 보니 담낭과 담도에서 담석이 발견됐다. 게다가 담석이 췌도를 막아 췌장염 증상도 있었다. 퇴원은 취소되고 아이는 췌장염 치료 목적으로 금식을 시작했다. 이번 경우도 어떤 주사 항생제에 의해 발생한 가성 담석증으로, 항생제를 중단하면 대부분의 담석이 사라지게 된다. 아무런 잘못이 없던 아이는 부모의 잦은 지적에 의해 심리적 빈뇨증을 일으켰고, 방광염으로 오인된 후 항생제에 의한 붉은 변 때문에 다시 세균성 장염 환자로 입원한 뒤 또 다른 항생제에 의한 담석증과 췌장염이 발생하게 된 것이다.

이 사례의 중간 단계부터는 의원병이다. 하지만 이러한 상황을 유발한 근본 원인은 가족에게 있다. 그래서 췌장염까지 가게 된 이 경우를 의원병 때문이라고만 치부할 수는 없다. 의과대학에서 아이의 심리를 배워본 적 없는 의사에게 부모가 전해준 정보는 분명 질환에 의한 증상으로 해석된다. 그래도 경험 많은 의사라면 빈뇨증의 원인을 꼬치꼬치 캐물어 알아낼 수도 있었을 텐데 짧은 시간 안에 해결해야 하는 우리 의료 시스템은 그런 여유를 허락하지 않는다. 이렇게 시작된 빈뇨증은 의원병이기도 하지만 가족원병 범주에 넣어도 변명의 여지가 없다. 그래서 방광염으로 오인된 상황은 부모와 의사 모두에게 책임이 있다. 이 사례처럼 가족과 의사 모두가 아이의 질병에 관여하게 되는 경우 나는 의원병과 가족원병을 합쳐서 의가족원병醫家族原

病, Iatrofamiliogenesis이라고 부르겠다. 의사와 가족 둘 다 환자에게 해를 끼치려는 의도는 손톱만큼도 없었지만 결과는 예상치 못했던 아이의 질병으로 귀결됐다. 의사와 가족이 맥락을 알지 못하면 단편적인 상황으로만 판단해 해결하게 되고 결국 아이만 손해 보게 된다. 의가족원병은 우리 주변에서 자주 벌어지는 일인데 근본 원인이 밝혀지지 않고 지나가는 바람에 늘 피해자만 있고 원인 제공자는 잘 드러나지 않는 특징을 갖는다. 앞부분에서 든 입 짧은 아이 사례도 똑같다. 이런 아이는 원래 먹는데 관심이 없다. 입 짧은 아이는 인구의 일정 비율을 차지하는 정상 범주에 속한다. 어려서는 작지만 사춘기를 지나면서 대부분 성장을 따라잡는다. 성장이 뒤처질까봐 걱정하는 부모로 인해 문제가 시작됐는데 사실 부모 중 한쪽이 어려서 똑같이 입이 짧았을 확률이 높다. 성인이 되며 대부분의 음식을 먹을 수 있게 된 것을 본인이 경험했는데도 부모는 이상하게도 입이 짧은 자식을 잘 받아들이지 못한다. 미래에 올 것 같은 잠재적인 손실이 두렵기 때문이다. 의사도 마찬가지다. 병이 없는 아이에게서 병을 찾으려고 노력하다보니 우연히 동반된 양성 검사 소견에 반응한다. 병을 찾아 치료해주지 않으면 비난받을 수 있다는 두려움이 역시 바탕에 깔려 있다. 부모나 의사 모두 자기 입장에서 아이를 바라보고 있었다.

사실 의가족원병의 가장 대표적인 사례는 소아 변비다. 2장에서 말했듯이 소아 변비는 병이 아니다. 대변이 딱딱해지고 항문이 찢어지며 통증을 반복해서 경험한 아이가 항문의 통증이 무서워 변을 참게 되는 것이 변비의 시작이다. 아이의 목표는 변을 보지 않는 것인데 어른의 목표는 변을 보게 하는 것이다. 양쪽이 겨루면 어른이 이긴다. 병원이라도 데려가서 관장을 하면 아이가 변을 보게 됐다고 판단한다. 하지만 아이는 관장이 뭔지도 모른다. 그냥 가장 두려워하는 배변을 치료라는 이름 아래 강제로 당한 아이에게는 트라우마만 남는다. 배변할 때마다 항문에 오는 통증은 무서운데 왜 그렇게 어른들은 변을 보게 하려고 할까? 그저 변을 묽게 만드는 약물을 장기간 복용하면서 좋은 경험을 쌓게 하면 나빴던 기억이 저절로 수그러들며 항문에 대한 두려움이 사라지는 법이다. 소아 변비 치료의 목적이 변을 보게 하는 쪽으로 가서는 안 된다. 나쁜 기억을 사라지게 해야 하는데, 오히려 그 기억을 자꾸만 되살리는 사람이 부모와 의사다. 소아 변비는 부모와 의사가 만드는 병 아닌 병이다.

프롤로그에서 옆집 아이가 폐렴에 걸렸으니 감기에 걸린 자기 아이에게도 센 약을 써달라는 엄마의 요청을 받아들여 항생제를 처방한 의사 이야기를 했다. 이 역시 의가족원병 범주에 속한다. 모든 판단에서 아이의 결정권은 배제되어 있다. 그러면 의가족원병은 어떻게 예방할 수 있을까? 소아에게서 발생하는 의가족원병을 피하는 첫 번째 방법은 아이의 입장이 되어보는 것이다. 증상 있는 아이를 볼 때 어른의 관점으로 바라봐서는 실수로 연결되기 일쑤다. 하물며 부모도 자식의 마음을 읽지 못하는데 제3자인 의사에게는 더더욱 어려운 일이다. 그래서 훈련이 필요하다. 아이의 입장이 되어보는 훈련은 겉으로는 보이지 않는 것을 보는 통찰을 요하는데 사실 한 번만 깨우치면 그다음부터는 수월해진다. 물론 사람은 타인의 마음을 잘도 읽고 뒷담화 또한 능수능란하게 하지만 자식의 마음을 객관적으로 읽는 것은 편향이 들어가는 탓에 어려울 것이다. 변비로 끙끙대고 밥도 잘 못 먹는 어린애를 객관적으로 바라볼 수 있는 부모가 얼마나 될까? 감기에 걸려 열이 펄펄 나고 기침을 심하게 하는 아이를 보며 폐렴을 걱정하지 않을 부모가 얼마나 될까? 부모로서 해결하기 어려우니 의사의 도움을 받으러 병원을 찾는 것은 당연한 일인데 그렇게 해서 발생하는 의가족원병이 참으로 원망스럽기는 하다. 하지만 이제라도 깨우치면 성공한 것이다. 통찰의 특징은 그것을 알게 된 순간 과거로 되돌아가지 않는다는 것이다. 사람들은 같은 실수를 반복하지 않으려고 늘 노력한다. 그것이 훈련이다.

의가족원병이 비단 소아에게만 발생하는 것은 아닐 것이다. 어느 연령이든 우리 주변에서 나타날 수 있다. 문제는 상황이 벌어졌을 때의 대처 방법이다. 구성원 누구라도 잘못된 상황을 인지하면 서슴지 않고 지적해야 한다. 대부분은 모르고 넘어가기 때문에 지적하지 못한다. 따라서 전문가나 언론을 통해서라도 의가족원병을 인지하는 데 앞장서야 하고, 이것이 의료 분야에서 휴머니즘으로 뿌리내리며 또한 성숙한 문화로 자리 잡도록 곳곳에서 노력을 기울여야 한다. 그래야 우리 모두의 책임으로 오진을 막을 수 있고 자칫 놓칠 우려가 있는 환자의 생명도 구할 수 있다.

선물이 되는 사회

앰블런스의 날카로운 사이렌이 가까워지고 곧 병원 응급실 문이 활짝 열렸다. 응급구조사가 심폐소생술을 하면서 환자 운반용 침대가 빠르게 들어오고 있었다. 침대에 누워 있는 환자는 할머니였다. 응급실의 의료진이 바로 달려들었고 심폐소생술은 반 시간가량 더 지속되었지만 모니터에 보이는 심전도의 파동은 정상으로 돌아오지 않았다. 잠시 소생술을 멈추니 심박수는 제로가 됐다. 곧이어 사망 선고가 내려졌다. 심폐소생술 중에 응급구조사가 전해준 이야기는 다음과 같았다. 요양원에서 잘 지내던 80세 할머니가 케이크를 먹다가 갑자기 켁켁거리며 얼굴이 새파래졌다고 한다. 말도 하지 못하고 호흡이 어려워진 할머니는 점점 의식을 잃었다. 응급 구조 연락을 받고 구조대는 10

분 만에 도착했고 심정지를 확인하자마자 곧 심폐소생술에 들어갔다. 누가 봐도 정황상 음식물에 의한 기도 흡인이었다. 할머니의 갈비뼈가 부러질 정도로 응급구조사가 소생술을 시행했지만 할머니의 심장 박동은 돌아오지 않았다. 병원에 도착했을 때 상황을 들은 응급의학과 과상이 구조사에게 물었다. "혹시 입안에는 뭐 없었나요?" "네, 처음에 입안을 확인했는데 아무것도 없었습니다." 그러나 기도 확보를 위해 할머니의 입을 열어본 의사는 바로 입안에서 포도 반 알을 찾을 수 있었다. 생과일 케이크에 얹혀 있던 포도였다. 요양원에서 심폐소생술을 하면서 튀어나온 것으로 보였다. 포도가 기도로 흡인되고 나서 응급구조대가 도착할 때까지의 10여 분이 할머니의 생사를 가른 것이다. 기도가 막혀 숨을 쉬지 못하며 꺼져가는 할머니의 생명을 되살릴 방법은 정말 없었을까?

다음은 언론에 소개된 한 개그맨의 훈훈한 미담이다.

개그맨 ○○○이 한 식당에서 호흡곤란을 호소하는 노인을 구조했다. 보도에 따르면 ○○○은 지난 ○일 오후 ○시경 서울 강남구 도곡동의 한 식당에서 옆 좌석에서 식사하던 한 노인이 호흡곤란을 호소하는 것을 보고 응급처치인 하임리히법을 시도했다. 식사를 하던 노인의 아들이 먼저 하임리히법을 시도했으나 상태가 나아지지 않고, 이를 지켜본 ○○○이 다시 시도해 노인을 구했다. 당시 식당 측은 구급 신고를 했으나 ○○○의 조치에 따라 노인이 기력을 되찾자 신고를 취소했다. 소방 당국은 "○시 ○분경 '손님이 음식을 먹다가 숨을 못 쉰다'는 신고 전화를 받았고 ○분경 '상태가 괜찮아졌다'며 신고 취소 전화를 받았다"고 설명했다. 식당 매니저는 "○○○이 능숙하게 할머니에게 처치하는데 고맙고 감동적이었다"고 이 매체를 통해 목격담을 전했다.[9]

하임리히법은 음식이나 이물질이 기도로 넘어가 숨을 쉬지 못하게 될 때 타인의 도움으로 기도에 걸렸던 것을 토해내는 응급 조치다. 시술하는 사람이 환자의 등 뒤에서 겨드랑이 사이로 양팔을 넣어 주먹을 쥔 한 손을 명치 위에 놓고 그 위로 다른 손을 얹어 감싼 다음, 급격한 힘을 가해서 가슴 쪽으로 당겨 압박하면 가슴에 가해진 압력으로 기도 안에 있었던 물질이 튀어나오게 되는 방법이다. 1974년 이 방법을 체계화한 의사 헨리 하임리히의 이름을 따서 붙인 하임리히법은 응급 상황에서 전문인력의 도움 없이도 생명을 살릴 수 있는 귀중한 소생법 중 하나다. 이 개그맨은 한 예능 프로그램에서 119 구조대원 팀으로부터 심폐소생술 등의 응급 처치 교육을 받은 적이 있다고 한다. 눈여겨봐두었던 생활의 지혜 하나가 사람의 생명을 구할 수 있었으니 그 순간만큼은 천금 만금을 주어도 아깝지 않은 치료가 되었다.

할머니의 안타까운 이야기로 돌아가보자. 물론 할머니의 사례가 의원병이나 가족원병을 언급하는 이 장의 내용과 어울리지 않을 수 있다. 하지만 찬찬히 되씹어보면 마음 한편에 우리 모두의 책임이라는 잔상으로 남는데 이것은 나만의 느낌일까? 의 가족원병 역시 우리 사회의 책임이 되는데 하임리히법의 근본에도 보편적 휴머니즘이 자리하고 있어 기본 개념은 동일하다. 성숙한 구성원이 다수로 존재하는 사회에서는 생명 존중 개념이 구성원의 마음에 뿌리 박혀 있다. 2007년 파리시는 약 100만 유로를 들여 공공장소에 자동 심폐소생기를 설치하기로 결정했다. 프랑스에서는 1년에 6만여 명이 갑자기 발생한 심정지로 사망하는데 조사에 따르면 70퍼센트는 가정에서, 나머지 30퍼센트는 공공장소에서 발생한다고 한다. 심정지 후 5분 안에 조치를 취하면 소생 가능성이 30퍼센트나 올라가기 때문에 파리시는 시민의 생명을 구하는 데 대규모 투자를 한 것이다.[10] 우리 주변을 살펴봐도 어디서나 심폐소생술에 대한 대비가 되어 있음을 알 수 있다. 지하철역을 비롯한 공공장소에 자동 심폐소생기가 설치돼 있고 학교와 직장에서 사용법에 대한 교육이 주기적으로 이루어지고 있다. 아직은 대도시 위주로 인프라가 깔려 있지만 각 지역으로 확장되는 속도는 아주 빠르다. 생명 존중 사상은 의료 소비의 개념을 바꿔놓는다. 내 건강만 중요한 것이 아니라 타인의 건강도 동등하게 중요하다. 이 개념을 확장하면 자기 이득을 위해 타인의 건강을 희생하지는 않게 된다는 의미다.

수천 년간 인간이 인간을 다루며 눈치채지 못하고 포기하며 지내온 진실들이 현대사회에 오면서 휴머니즘의 부각과 함께 조금씩 겉으로 드러나는 진화를 하고 있다. 정보화 시대에 접어들면서 진화의 속도는 더 빨라졌고, 과거에 터부시되던 각 집안의 자식 교육에 대한 언급과 조직에서의 상사에 대한 복종 이슈마저 이제는 인간성 회복과 사회 문화의 성숙에 맞춰 터놓고 얘기할 수 있는 시대가 됐다. 특히 자식을 포함해 아랫사람에 대한 인정과 배려의 문화가 공유되기 시작했고, 문제를 일으킨 내 아이와 동료가 원인이라기보다 그렇게 만든 가족이나 직장의 주변 환경에 책임이 있다는 사실에 공감을 하는 시대가 왔다. 10여 년 전 미국에서 대중매체에 소개되고 책으로도 발간된 '수퍼내니' 그리고 '도그 위스퍼러'는 문제 아동과 문제 반려견을 교정하는 상황에서 아이와 반려견에만 집중하는 것이 아니라 가족과 주인이 변함으로써 좋은 결말을 가져온다는 내용을 담았다. 우리나라 역시 그동안 쉬쉬하며 노출하지 않았던 어둡고 약간은 수치스러운 면을 책이나 대중매체를 통해 드러내 사회적 공감을 얻고 있다. 한국인처럼 세상의 빠른 변화에 잘 대처하는 이들이 또 어디에 있을까? 하지만 남들보다 빠르게, 더 많은 정보를 이용하려다보니 부작용이 뒤따른다. 바로 두려움이다. 남이 하는 것을 나만 못 하면 손해 보는 기분이 든다. 당장은 아니더라도 미래에 나타날 수 있는 손해를 기피하기 위해 나는 늘 대비한다. 두렵기 때문이다. 노벨경제학상 수상자 대니얼 카너먼의 전망 이론에 따르면 같은 100만 원이어도 이득을 볼 때보다 손해를 볼 때 우리는 두 배 이상 더 크게 느낀다고 한다. 그래서 사람들은 손실을 보지 않기 위해 끊임없이 대비한다. 누구를 위해서? 나 자신을 위해서다. 하지만 부모들은 보통 내 아이의 손실을 피하기 위해 자신이 희생한다고 말하는데, 부모가 자신을 위해 그렇게 했음을 인정하는 단계에서부터 우리 사회는 달라질 것이다.

한 소아정신건강의학과 의사는 모 방송 프로그램에서 가스라이팅이 부모와 자식 간에 많이 벌어진다고 지적했다. 아이의 심리에 영향을 주는 말을 수시로 하는 부모 밑에서 자란 아이들은 부모의 마음에 맞게 길들여지기 마련이다. 예를 들어 "너 잘되라고 하는 거야" "널 사랑해서 그러는 거야" "내가 아니면 누가 네 얘길 듣니?" "넌 내가 잘 알아"와 같은 말은 상대방을 위하는 것처럼 들리지만 사실은 불안함을 두려워하는 부모 자신을 위한 말이라는 것이다. 그는 방송의 패널들에게 두 아이의 사례를 들어 가족 내 가스라이팅을 설명했다. 학교에서 풀이 죽어 돌아온 아이에게 이유를 물으니 시험을 못 봐서 그렇다고 했다. 그런데 A라는 아이는 "엄마가 알면 얼마나 속상할까 싶어 마음이 안 좋아요"라고 말했고, B는 "시험을 못 봐서 아빠한테 혼날 것 같다" 고 했다면 두 아이 중 누가 가스라이팅을 당한 아이일 것 같은 지 의사가 패널들에게 질문을 던졌다. 그의 답은 이랬다. "A가 엄마 마음을 이해하고 공감하는 철든 아이 같지만 사실은 A보 다 B가 더 바람직합니다. B는 자신을 걱정하는 거고 A는 엄마 를 걱정하는 거예요. A가 공감 능력이 좋은 아이기도 하지만 의 도치 않게 가스라이팅이 존재할 수 있어 잘 살펴봐야 합니다."[11]

이 같은 이야기가 공중파를 타는 것은 우리 사회가 이제 아 이 문제와 관련해 그 원인이 가족에게 귀속된다는 것을 받아들 일 만큼 성숙해졌음을 보여주는 신호라고 나는 생각한다. 성숙 한 사회가 되려면 '배려'의 개념이 올바르게 세워져야 한다. 사 실 사람들은 타인을 배려한다고 말하지만 정작 그 상대방은 배 려받았다고 느끼지 못한다.

아이를 키울 때 자주 하는 실수 중 하나는 떼쓰는 자녀의 마 음까지 해결해주려는 것이다. 부모가 그 마음까지 해결해줄 순 없다. 아이의 마음은 아이 것이라 스스로 답을 찾아야 하는데 불 편해하는 자녀의 모습이 내 마음을 불편하게 하니까 내가 편해 지기 위해서 행동하게 된다. 아이의 행동과 생각을 바로잡고 싶 을 때는 '안 돼'라고 하기보다 스스로 책임지도록 어른이 기다려 주고 다른 선택지를 알려주면 된다. 어른이 그 어려움을 끝까지 해결해주려다가는 오히려 부작용이 생긴다. 바로 상대에 대한 정서적 억압이다. 이것은 성인에게도 동일하게 적용된다. 남의 마음을 내가 결정할 수는 없다. 마음의 결정권은 오직 자신이 가진다. 한 번 더 강조하는데, 휴머니즘의 근본은 내가 아닌 타인의 입장에서 세상을 바라보는 데 있다.

의가족원병에서 벗어나는 최선의 방법이 바로 이것이다. '나'라는 테두리 안에 갇힌 일상적이고 상투적인 관심과 배려에서 멈추지 말아야 한다. 성숙한 사회는 나를 벗어나 타인의 입장에서 이뤄지는 진정한 배려를 요구한다. '배려'는 '어설픈 개입'이 되어서는 안 된다. 성숙한 배려는 곧 선물이다.

의원병의 새 분류

지금까지 얘기한 내용을 정리하면 [표 3]과 같다. 우리는 의원병이라고 하면 의료진의 실수에 의해서만 유발된다고 생각해 왔다. 하지만 이번 장에서 그동안 겉으로 잘 드러나지 않았던 병 아닌 병을 알고 이해하게 됐다.

많은 사례에서 보았듯이 환자가 한순간 보이는 증상을 의학 지식으로만 해석한 의사가 어설프게 개입함으로써 발생하는 의원병도 문제지만, 사실 의료보험 재정을 관리해야 하는 정부가 현실 세계를 반영하지 못하는 의료 정책을 폈을 때 나타나는 의

[표 3] 본인의 신체 기능 장애로 유발된 일반적 질병을 제외한 증상이나 질병의 분류

의원병	의료진의 실수(고전적 의원병)
	의학 지식에 기반한 의료진의 어설픈 개입
	잘못된 의료 정책에 의한 의료진의 손실 기피
가족원병*	가족의 지나친 관심과 제어
	가스라이팅
의가족원병	손실을 피하고 싶은 의료진과 가족의 이해관계 일치

* 아동과 가족에 대한 학대는 범죄이므로 분류에서 제외함

원병이 더 문제일 수도 있다. 예를 들어 국민의 의료비 부담을 줄여주기 위해 의료 수가를 낮추면 의사는 수익을 올리기 위해 필요 없는 검사를 하고 안 써도 될 약을 처방하는 과잉 진료를 하게 된다. 이 같은 문제는 머리말에서 언급했듯이 『개념의료』에 자세히 나와 있어 여기서는 다루지 않는다. 가족원병은 같은 듯 같지 않은 두 가지 상황으로 분류했는데, 가족의 지나친 관심으로 인한 보호와 제어는 자기 이득을 취하기 위한 가스라이팅과 달라 보이긴 하지만, 결과적으로 당하는 이의 자기 결정권 박탈로 환자가 좌절과 분노를 경험하게 한다는 면에서 맥락을 같이 한다. 의가족원병은 권력을 쥐고 있는 사람들의 이해관계 때문에 엉뚱하게 그들로부터 도움을 받아야 할 가족이 피해를 입는 상황이라서 모두의 통찰을 요하는 매우 안타까운 사건이 된다.

좋지 않은 일이 벌어지면 많은 사람이 책임 소재를 따진다.

제4장 새로운 의원병

이러한 의원병, 가족원병, 의가족원병이 생겼을 때 도대체 누가 책임을 질 것인가? 아마 대부분은 남 탓을 할 가능성이 높다. 환자는 가족을, 가족은 의료진을, 그리고 의료진은 정부를 비난할지도 모른다. 그런데 그러지 말아야 한다. 모두가 나와 가까운 사람이고 필요한 사람이다. 원인을 알게 된 순간 거기서부터 실타래를 풀어야 한다. 그러고는 바꾸면 된다. 우리 모두가 책임에서 벗어날 수는 없다. 왜냐하면 양쪽 다 화가 나 있다는 사실은 둘 다 어느 정도 잘못이 있음을 강하게 시사하기 때문이다. 세상 살아가는 이치는 비슷하다. 양보는 내가 먼저 하는 게 맞고, 서로에게 따뜻해야 한다. 나 자신이 손실을 피하려고 애쓰는 순간 그 손실을 가까운 사람이 뒤집어쓰는 법이다. 의료에서 피해가 발생하고 책임 소재를 따지는 상황이 빈번해 사실 우리 모두 지쳐 있다. 어렴풋이 느끼기만 했던 숨겨진 상황들을 미미하나마 이 책을 통해 보이게 만들었으니 똑같은 실수를 되풀이하지 않도록 상황의 맥락을 짚어가며 서로의 입장에서 대화를 나눠보자. 화냈던 내가 먼저 미안해하고 감사하면 상대방의 표정 또한 바로 누그러질 것이다.

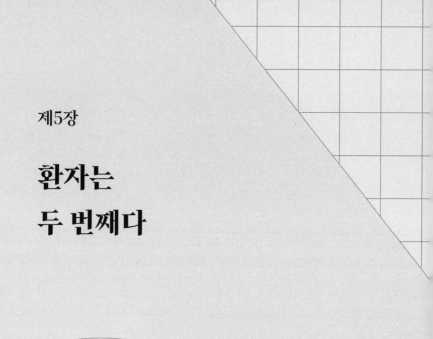

제5장

환자는
두 번째다

권한 부여하기: 피그말리온 효과는 공룡도 춤추게 한다

혹시 모르겠다. 대형 병원 1층 로비에서 안내를 맡은 직원이 어느 의사의 외래 위치를 찾는 환자에게 "그 분야에서는 이 선생님이 최고예요"라는 말을 툭 던지고, 환자는 "아, 제가 역시 잘 온 것 같습니다"라며 환하게 웃는 모습이 요즘도 있을지.

모두가 바쁘다. 다들 자기 일에만 열심이다. 환자도 자기 질병을 고치는 일에만 집중하고, 병원 직원도 자기가 맡은 일의 범위를 벗어나는 행위는 잘 하지 않으려고 한다. 진료하는 의사도 결과에 대한 책임을 되도록 지지 않으려고 어느 정도는 방어적이다. 모두에게서 여유가 사라진 지 오래다. 특이하다. 목표는 환자의 치료라는 대명제 하나인데 저마다 다른 생각을 하고 있다. 아니, 사실 동일한 생각을 하고 있기는 하다. '어쨌든 나는 손해

보기 싫다.' 손해 앞에서 서로 간의 조화는 들어설 자리가 없다. 그래서 각자의 손실을 피하기 위한 대화나 행동은 상대방에게 이상하고 다르게 느껴진다. 정확하게는 틀리다고 여겨진다. 그러니 작은 자극에도 화가 돋는다. 아마 수도권이나 대도시를 벗어난 지방의 작은 병원이라면 "우리 선생님이 최고예요"라고 하는 병동 간호사를 만날 수 있을지도 모르겠다. 효율과 이득을 따지는 기업 같은 병원에서는 환자를 대하는 의료진의 마인드에서 시스템을 앞세우다보니 나 자신이 우선이지 타인에 대한 배려는 기대하지 못하게 되는 듯하다. 타인인 바로 그 환자를 진료해야 돈을 버는 것임에도 원래 목표는 시스템에 가려져버린다. 이런 큰 병원에서는 환자마저 자신이 도움받을 의료진을 '남'으로 여겨 묘하게 서로 손해만 피하려는 이상한 상황이 자주 벌어진다. 한적한 병원에서는 자신이 근무하는 병원의 의사가 최고라고 외쳐도 되는데, 정신없이 돌아가는 대형 병원에서는 그런 말을 하면 왜 안 되는 것일까? 확률적으로 치료 후에 90퍼센트는 낫고 10퍼센트만 문제가 지속될 병이 있다고 가정할 때, 여유로운 사고가 가능한 분위기에서는 90퍼센트를 먼저 떠올릴 것이고, 불안하고 긴장된 분위기를 조장하는 곳에서는 10퍼센트의 실패 확률을 우선적으로 그릴 것이기 때문이다. 결과가 똑같아도 사람은 느낌을 우선시한다. 이성과 감정은 이렇게 다르다. 누군가 나에게 책임을 물을 것 같다는 불안감이 들면 나는 그 행동을 하지 않을 게 분명하다. 대형 병원일수록 원무과나 고객상담실 등 어느 부서라도 윗사람은 부하 직원에게 '환자한테 쓸데없는 얘기는 하지 마라'고 지침을 내릴 것이다. '그건 말이야, 당신을 보호하는 거야.' 글쎄, 과연 그럴까?

『디즈니 병원의 서비스 리더십』을 쓴 프레드 리는 특이한 이력의 소유자다. 미국 캔자스시티의 샤우니 미션 메디컬 센터에서 5년간 마케팅 및 개발 담당 부원장으로 재직하며 환자의 만족도와 충성도를 올리는 커다란 성과를 거둔 그는 올랜도에 위치한 디즈니 지정 병원인 플로리다 병원 부원장으로 스카우트되면서 고객 관계 프로그램을 개발해 전국적인 명성을 얻었다. 이후 환자와 직원의 충성도를 제고한 능력을 인정받아 디즈니 대학의 캐스트 멤버가 됐다. 그가 저서에 기술한 한 에피소드를 읽어보자.

얼마 전 내가 한 대형 병원에 딸린 작은 병원의 직원들을 대상으로 하는 고객 관계 교육을 위해 초청됐을 때의 일이다. 며칠 동안은 별일 없이 순조롭게 진행됐다. 그런데 어느 날 아침, 내가 강의실에 도착했을 때 강의실 문이 잠겨 있었다. (…) 일찍 온 참가자들이 하나둘 복도에 모여들기 시작했다. 나는 그들에게 어떻게 하면 들어갈 수 있는지 물어보았지만 아는 듯 보이는 사람은 없었다. 그중 한 명이 행정실에 가서 물어보겠다고 했는데, 몇 분 후 돌아와서 행정실 역시 닫혀 있다고 했다. 시설관리부에 전화를 했지만 그들은 강의실 열쇠를 가지고 있지 않았다. 경비원에게 연락한 후 그가 여벌의 열쇠를 가지고 나타났지만 자신에게는 그 문을 열 권한이 없다는 말만 할 뿐이었다. "여기 우리 모두가 이곳에서 곧 시작하기로 돼 있는 강의에 참석해야 하거든요." 나는 말했다. "당신도 어제 이 강의에 참석하지 않았습니까?" "네, 압니다." 경비원이 대답했다. "하지만 본부에서 승인이 나지 않는 이상 저는 이 문을 열 수 없게 돼 있습니다." "지금쯤이면 행정실에 누군가가 있지 않을까요?" 나는 이렇게 말해보았다. "그래도 소용없습니다." 경비원이 말했다. "행정실의 지시는 저와 상관이 없습니다. 그쪽에서 나에게 이 문을 열라는 지시가 있기 전까지는 열 수 없습니다. 죄송합니다." 시작할 시간이 되자 강의실은 열렸다. 하지만 고객의 입장에서 볼 때 이곳의 경비 시스템은 전혀 이해할 수 없는 것이었다. 어떻게 본부 사무실에서, 그것도 20마일이나 떨어진 곳에서, 이 현장에 있는 경비원보다 이곳 상황을 더 잘 알 수 있단 말인가? 어쨌거나 경비 본부에서는 문제에 대한 정보를 경비원을 통해 들어서 아는 방법밖에는 없다. 본부에는 이런 상황에 대한 판단과 결정을 현장에 있는 사람보다 더 올바르게 내릴 수 있는 그 어떤 특별한 지식이라도 있단 말인가? (…) 이것은 직원들이 언제나 "안 됩니다" 아니면 고작해야 "승인 날 때까지 기다려주십시오"라는 말을 할 수 있는 권한까지만 허용하는 부서 간 장벽의 한 예이며, 이런 현상은 어느 조직에서나 비일 비재하다. 만약 내부인이든 외부인이든 서비스를 필요로 한다면, 그는 중앙 통제를 거쳐야만 하는 것이다. "예스"라 말할 수 있는 권한은 오직 그 부서의 최고 책임자에게만 있다.[1]

만약 이 경비원이 본부의 허락을 묻지 않고 본인 판단으로 강의실 문을 열어주었다고 가정해보자. 무슨 일이 벌어질까? 십중 팔구 아무 일도 없을 것이다. 나중에 프레드 리가 문을 열어주지 않았던 상황을 본부에 항의했다고 가정해보자. 본부에서는 뭐라고 언급했을까? 분명히 '경비원이 열어주면 되는 것 아닙니까?'라는 답변이 돌아왔을 것 같다. 책임자들은 늘 같은 말을 한다. '그 정도는 아랫사람들이 알아서 다 잘할 겁니다.' 정작 현실은 그렇지 않다. 알아서 못 한다. 대형 병원의 안내 담당 직원이 모 선생님이 그 분야 최고라는 말을 마음 놓고 환자들에게 건넬 수 있는지의 문제와 동일하다. 그 선생님을 찾아온 환자에게 한 덕담이라고 생각하면 쉽게 풀리겠지만, 현장에서는 괜한 말 한마디가 같은 부서에 근무하는 동료 선생님을 언짢게 만들지 않을까 고려해야 하고 혹시나 치료 결과가 좋지 않으면 나중에 비난받을 것까지 염려해야 한다.

이 같은 문제가 큰 조직 내에서 불거지면 대부분의 상관은 부하 직원들에게 맡은 바 업무를 제외한 다른 이야기는 하지 말라고 지시할 것이 뻔하다. 그렇지만 사실 분위기 봐서 그 직원이 판단해 말하면 되는 것이다. 하라, 하지 마라 지시할 항목조차 되지 않는 일에 우리는 에너지를 쏟아 미래에 오지도 않을 잠재적 손실을 피하려고 노력한다. 한 조직의 분위기는 그렇게 만들어진다. 작은 팀의 팀장이 문제고, 팀들로 이루어진 부서의 장이 또한 문제가 되며, 전체를 총괄하는 조직의 리더는 문제의 핵심이 된다. 부하 직원을 둔 상관은 책임지는 것이 두렵기 때문에 아무 일이 생기지 않도록 아랫사람을 단속한다. 아랫사람에게 권한을 주고 그에 대해 책임을 지게 하는 것이 훨씬 더 쉽고 능률적인 방법인데도 상관은 그렇게 하지 못한다. 잘못될까봐 두렵기 때문이다. 이런 윗사람이 많은 조직에서 아래로의 권한 부여는 난망이다. 윗사람의 통제권을 강화하는 조직 문화에서 중간 관리자 한두 명이 권한을 아래로 내리려고 하면 오히려 배척당한다. 그것을 잘 알고 있는 중간 관리자들은 좀처럼 움직이려 하지 않아 그 조직은 점점 더 무기력해지는 것이다.

또 하나의 사례를 보면서 비교해보자. 이번에는 국내의 실제 사례다. 어떻게 보면 프레디 리가 예를 든 것과 정반대일 수 있다. 지방의 한 대형 병원에 새로운 원장이 부임했다. 전에 근무한 병원이 고객 만족도 최상위여서 그는 고객 최우선 마인드를 새로 부임한 곳 직원들에게 심어주고 싶어 전 병원 고객상담실의 지원을 받아 외래 직원 교육을 시행했다. 고객 응대법부터 안내하는 행동과 표정까지 모든 서비스 교육을 마쳤는데 며칠 후 외래를 이곳저곳 다녀보는 원장에게 한 직원이 현장에서 피드백을 해왔다. 구수한 사투리로 그는 이렇게 말했다. "원장님, 그래 교육해서는 안 됩니더. 그게 무슨 서비스입니꺼? 여기는예, '안녕하세요, 어서 오십시오, 이리로 가세요'를 웃으며 손짓 섞어 친절하게 해싼다고 환자가 좋아하지 않고예, 저처럼 해야 됩니더." 어떻게 하는 거냐고 묻는 원장에게 외래 직원은 원장을 환자 삼아 시연을 했다. "할아버지 오셨어예, 요기 앉으이소. 오늘 환자가 무지 많아예. 그래도 제가 이따가 상황 봐서 눈을 두 번 찡긋찡긋 하면 암 소리 말고 그냥 따라 들어오이소. 할아버지 병이 다른 환자보다 더 중허니까요." 연로하고 병들어 힘들어 하는 노인 환자를 오래 기다리지 않게 하려는 직원이 입과 코까지 찡긋하며 원장의 두 손을 부여잡고 연기를 하자 원장은 박장대소했다. "여기서는 이게 서비스라예." 직원의 일갈에 웃음으로 화답하며 원장은 뭔가에 한 대 얻어맞은 느낌이었다. 대도시의 대학병원에서는 외래 순서를 지키지 않으면 아마 싸움이 날 것이다. 게다가 병원 직원이 그렇게 한다면 더더욱 항의가 빗발칠 것 같다. 그런데 직원 생각에 이 병원은 다르다는 것이다. 그게 맞았다. 겉으로 보이는 서비스보다 환자 입장에서 배려하는 느낌을 전달하는 것이 진정한 서비스임을 원장은 깨달았다. 또한 대형 병원이라도 모두 다 같을 순 없다는 점을 알아차렸다. '이 지역에서 우리 병원은 정이 넘쳐야 빛을 발할 수 있겠어.' 원장은 그 직원에게 앞으로도 그렇게 하라며 응원을 보냈다. 병원 문화를 원장이 만들 수는 없다. 전 직원이 만든다. 그 과정의 핵심은 권한의 위임이었다.

조직의 경직된 문화를 개선해야 할 필요성을 리더들이 모를 리 없다. 많은 대학과 연구소에서 유능한 조직을 만들기 위한 논문을 쏟아내고 있고 서점에도 이와 관련된 책이 즐비해 있다. 10여 년 전 내가 근무하고 있는 병원에 환자행복추진실이 만들어졌고 나는 실차장 겸 직원들의 사기를 북돋는 '해피스피릿' 팀장으로 발령이 나 병원 조직 문화 개선에 깊이 개입한 적이 있다. 스마트한 행정 직원 몇 명이 우리 팀원이었고, 가장 먼저 착수한 작업은 하슬맵Hassle map이라고 불리는 직원들의 고충지도를 작성하는 것과 조직 문화가 앞선다는 평을 듣는 해외 유수 병원의 노하우를 벤치마킹하는 것이었다. 내가 속한 병원의 직원들 얘기를 들어보는 것은 시간과 노력을 들임으로써 가능했지만 해외 사례를 조사하는 것에는 한계가 있었다. 미국을 직접 방문해 몇몇 병원을 벤치마킹하기는 했지만 여전히 부족해 결국 조직 문화 개선에 관한 책들을 읽어보게 되었다. 여러 책에서 주장하는 내용을 모아보니 메시지는 간결했다. 바로 '자기 결정권'이었다.

'자기 결정 이론'은 사람이 자발적으로 결정하고 행동할 경우 더 큰 관심과 흥분을 보이며 자신감도 얻어 성과를 낼 수 있다는 것이다. 인간 행동의 통제 원천이 내재적인가 아니면 외부로부터인가에 따라 결과는 달라진다. 개인의 흥미와 호기심에서 비롯된 행동은 가장 큰 동기 부여에 이르는 것인 반면 강요에 의한 행동은 그 동기가 가장 낮아진다.[2] 교육 분야의 연구에 따르면 학생들은 외부에 의해 규제된다고 느낄수록 노력을 하지 않았고 불안감이 높았으며 실패에 적절하게 대응하지 못했다. 게다가 부정적인 결과에 대해 책임을 지기보다는 선생님 등 남을 탓하는 것으로 나타났다. 반면에 자율적인 상황에 있었던 학생들은 더 많이 참여하고 실패를 잘 견디며 창의성이 높아져 더 나은 학습 결과를 낳았다.[3] 당연히 자기 결정권은 자신감으로 이어진다. 자기 아이디어로 시작된 작업이 실패하더라도 책임을 져야 하기 때문에 사람들은 자신을 돌아보게 된다. 그 성찰 과정을 겪으면서 다음번 계획은 더 탄탄해지고 거기서 성과를 얻으면 그보다 더 큰 자신감은 없다. 앞서 얘기한 경비원에게 권한이 위임되어 있었다면 그 경비원은 자기 판단이 고객을 만족시켰다는 자신감으로 조직의 이미지를 고양시키는 또 다른 기여를 했을 확률이 높다. 쌓이는 성공 사례를 모아 경비원이 상부에 보고할 수도 있다. 자기 실적이기도 하고 그 자체가 회사를 발전시키는 기획안도 되므로 위에 알리고 싶을 것이다. 사실 그 과정이 조직을 발전시키는 길이다. 실제로 외래 직원의 판단을 존중한 앞서의 지방 병원 사례를 보면 그곳은 몇 년 후 전국 대형 병원 고객만족도 조사에서 급격한 상승 곡선을 그린 것이 확인된다.

일반적으로 한 부서에서 팀장이 팀원의 기획안을 검토하며 보이는 반응은 크게 두 가지다. 하나는 "이 안은 아마 위에서 받아들이지 못할 거야"라며 처음부터 아랫사람을 낙담하게 만드는 것이다. 다른 하나는 "어려울지 몰라도 내가 한번 뚫어볼게"라며 모두의 기운을 북돋워주는 반응이다. 자, 어느 쪽이 팀원의 발전에 도움이 될까? 결과가 똑같이 안 좋게 나오더라도 리더가 팀원의 결정권을 우선해서 존중하는 조직은 미래가 밝다. 아랫사람의 자기 결정에 대한 인정과 존중은 조직을 발전시킨다. 아래로의 권한 위임은 조직의 성공 확률을 높인다. 권한 위임에 대한 조직의 저항이 줄고 모두가 인정과 존중의 문화에 익숙해지면 다음과 같은 사례는 저절로 나타난다.

모 백화점은 주변에 아파트 단지가 많아 셔틀버스를 운행한다. 20분 간격으로 다니고 있어 시간만 잘 맞추면 집에서 백화점까지 편하게 오갈 수 있다. 백화점 바로 옆에는 여고가 하나 있다. 아파트 주민들은 흥미로운 장면을 보게 된다. 여고생들이 가끔씩 셔틀버스에 타는 것이다. 물론 학생이 백화점에 가지 말라는 법은 없지만 누가 봐도 하굣길에 공짜 버스를 타는 것임이 분명했다. 어느 날 여느 때처럼 한 학생이 아파트 단지에 내리자 사람들이 운전 기사에게 물었다. "아니 저 학생이 집에 가려고 공짜로 버스를 탄 거잖아요. 빈자리도 별로 없는데 저런 학생들 타는 건 백화점 측에서 막아야 하지 않나요?" 그러자 기사가 미소 지으며 대답했다. "네, 그런 민원이 많아서 우리 부서에도 학생들은 태우지 말라는 지침이 내려온 적이 있어요. 그런데 말이죠, 저는 생각이 다릅니다. 저 녀석들은 우리 백화점의 미래 고객입니다. 셔틀버스 타는 데 익숙해져 있으니 어른이 돼도 주변 다른 상점에서 물건 사는 대신 백화점 버스를 탈 확률이 더 높겠지요?" 상부의 지침은 내려왔어도 웃음으로 넘길 수 있는 부서의 문화가 있었기에 기사는 스스로 결정할 수 있었다. 프레드리가 만났던 경비원과는 정반대의 이야기다. 이건 정이 넘치는 지방 병원의 사례와 똑같지 않은가? 버스 기사는 상을 받아 마땅한 일을 한 것이다.

타인에게 권한을 위임한다는 것은 그 사람을 믿는다는 뜻과 같다. 또한 권한을 주면서까지 타인을 믿는다는 것은 그에 대한 인정과 기대를 의미한다. 다시 말해 현재 권한을 쥔 사람의 기대치가 일하는 아랫사람의 성과에 영향을 미칠 수 있다. 「마이 페어 레이디」는 1964년에 상영된 뮤지컬 영화다. 주연 배우는 「로마의 휴일」로 스타덤에 올랐던 오드리 헵번이 맡았는데 사실 노래는 「사운드 오브 뮤직」의 줄리 앤드루스가 불러서 더 화제가 됐다. 언어학자인 히긴스 교수는 절친인 피커링 대령과 엉뚱한

내기 하나를 한다. 하층 계급의 여인을 데려다가 일정 기간 내에 그녀를 교육해 세련된 귀부인으로 재탄생시킬 수 있는가 하는 것이었다. 사투리가 심한 빈민가의 꽃 파는 처녀 일라이자를 집에 데려온 히긴스 교수는 끊임없이 그녀를 가르친다. 우선 말투 바꾸는 작업을 하고 행동도 교양 있게 변화시켰다. 우여곡절 끝에 상류층 파티에 우아하게 데뷔한 일라이자를 히긴스 교수는 결국 사랑하게 된다. 내기로 시작한 히긴스 교수의 작업은 그녀를 믿는 진심으로 이어졌고 그 기대는 사랑이 된 것이다. 이 영화의 원작은 노벨문학상을 수상한 아일랜드의 저명 작가 조지 버나드 쇼의 『피그말리온』이다.

그리스 신화에 나오는 피그말리온은 키프로스섬의 조각가였다. 그는 문란한 생활을 일삼는 부도덕한 키프로스섬의 여인들에게 혐오감을 느껴서 독신으로 살았다. 오로지 작업에만 몰두한 피그말리온은 하얀 상아를 소재로 실물 크기의 여인을 조각한다. 완성된 여인의 조각상은 바로 그의 이상형이었다. 밤낮으로 여인상을 어루만지며 심지어 입술에 입맞춤을 하기도 한 그는 조각상을 실제의 여인으로 느끼면서 마침내 사랑하기에 이르렀다. 키프로스섬의 수호신인 아프로디테의 축제일이 되자 피그말리온은 귀중한 제물을 바치며 아프로디테 신에게 기도했다. "이 조각상과 같은 여인을 아내로 맞게 해주십시오." 집으로 돌아온 그는 여느 때처럼 조각상에 입을 맞추었다. 그러자 놀라운 일이 벌어졌다. 입술에 온기가 느껴지며 그 상이 점점 진짜 사람으로 변해가는 것이었다. 아프로디테가 그의 간절한 기도를 들어준 것이다.[4] 피그말리온 이야기는 후대에 예술계뿐만 아니라 교육계에도 영향을 미쳐 '피그말리온 효과'를 탄생시켰다. 바로 아랫사람에 대한 기대가 실제로 이루어진다는 권한 위임의 장점을 뒷받침하는 이론이다. 결론은 이렇다. '교사의 기대에 따라 학습자의 성적은 향상된다.'

1968년 미국의 교육심리학자 로버트 로젠탈은 샌프란시스코의 한 초등학교에서 흥미로운 실험을 수행했다. 그는 어느 학급의 담임 선생님에게 향후 수개월 내에 성적이 올라갈 학생들을 예측해내기 위한 지능 테스트를 한다고 고지했다. 그러고는 테스트가 끝난 후 담임에게 한 군은 발전할 가능성이 높고 다른 한 군은 그렇지 않을 것이라고 알려주었다. 그러나 사실은 지능 테스트와 아무 상관 없이 무작위로 학생들을 뽑아 담임에게 성적이 향상될 아이들이라고 말했을 뿐이다. 그러자 담임은 그 학생들에 대해 기대를 품게 되었고 3개월 후 실제로 그 군의 성적은 향상된 것으로 나타났다. 담임의 기대는 학생에 대한 관심으로 이어졌고 학생들은 기대에 부응해 성과를 보여준 것이다.[5] '로젠탈 효과'라고도 불리는 '피그말리온 효과'는 이후의 여러 연구에서 동일한 결과를 나타냈다. 누군가는 자아가 완성되지 못한 학생에 대한 실험이므로 의미 없다고 비판할 수도 있다.

하지만 성인을 대상으로 한 실험에서도 결과는 같았다. 한 연구자가 이스라엘 군대에서 장교 훈련을 담당한 소대장들에게 신입 훈련병 중에서 절반은 능력이 뛰어나고 나머지 절반은 보통이라고 얘기해두었다. 이번에도 역시 무작위로 분류했던 것인데 훈련이 끝나고 보니 뛰어난 능력을 보유했다고 여겨진 집단에서 15퍼센트나 높은 점수가 나왔다.[6]

나는 임상 현장에서 이 피그말리온 효과를 톡톡히 경험하고 있다. 병원에서 전공의를 거쳐 전문의 시험을 통과한 뒤 다년간 세부 전공 과목을 연구하는 전임의 과정은 의대 교수로 가는 마지막 길목이 된다. 어차피 전임의 과정에 왔으면 결말은 교수여야 하는데 현실은 녹록하지 않다. 처음에 의지는 강했으나 자신이 논문 쓰는 연구를 하는 일에 적합하지 않다는 것을 깨닫고 봉직의나 개원의로 가는 경우가 많을뿐더러 오로지 임상 기술을 전문적으로 쌓기 위해 처음부터 전임의 과정까지만 마치고 나가는 것을 선호하는 경우도 꽤 있다. 게다가 내가 전공하는 소아소화기영양 분야의 의대 교수 자리는 전국적으로 많지도 않아 모두 교수가 될 수는 없다. 전임의를 받아 훈련을 시작한 2006년 이후 내가 일하는 병원에서 20명의 소아소화기영양 전임의가 배출됐는데 이 중 12명이 대학병원 교수가 됐다. 타의과 대학 상황과 비교해 매우 높은 교수 취직율이라고 자부한다. 특별한 방법이 있었던 것도 아니다. 그저 믿었다. 기대했다. 그리

고 칭찬했다. '피그말리온 효과는 공룡도 춤추게 한다.'

환자는 두 번째다

병원에 실습 나온 의과대 학생들을 데리고 회진을 돌다가 문득 물어봤다. "이런 책 들어본 적 있니? 『환자는 두 번째다』라는 제목이야." 모두 어리둥절해한다. "의료 문화를 혁신하자는 내용이지. 그럼 첫 번째가 누구인지 알겠니?" 잠시 침묵이 흐른다. 그러다가 한 학생이 대답한다. "병원인가요?"

방대한 지식 전달에 치중하는 의학 교육 때문에 의대생들은 다른 분야, 아니 의학과 관련되긴 하나 조금이라도 벗어난 분야라면 한 권의 책도 제대로 읽을 시간이 없다. 미래의 의료인에게 천동설의 지구에서 전혀 벗어날 수 없는 사고 범위를 갖게 만드는 것이 바로 의과대학이라는 말이다. 지식 교육의 몰입은 상상력의 부재를 동반한다. 의료를 둘러싼 수많은 환경과 변수를 파악하면서 환자의 진단과 치료를 배우고 실행해야 하는데 요즘의 전문의는 의학 전문의일 뿐이지 의료 전문의는 못 된다. 예전에 어느 의학전문대학원 입시 요강을 보니 면접 전에 『개념의료』를 숙독하고 오도록 공지해 신선하다는 인상이 늘었다. 그래도 통찰력 있는 의료인들이 아직 있어 노력하고 있나보다라며 안심한 순간이었다. '병원인가요'라고 답한 학생에게 다시 한번 물었다. "음, 좋아. 병원은 맞는데 병원 안의 누굴까?" 이 질문에 그 학생은 멀뚱멀뚱 나를 쳐다보며 답을 하지 못했다. 그 눈빛에서 '의사요'를 읽었지만 차마 답하지 않은 것이 차라리 내 마음의 위안이 될 뿐이었다.

폴 슈피겔만과 브릿 베렛이 쓴 『환자는 두 번째다』라는 책의 머리말에는 이런 부제가 붙어 있다. '이 책의 제목이 뜻하는 바는?' 머리말은 웬디라는 여성이 저자들의 콘퍼런스에 참석한 후 저자에게 보낸 항의 편지로 시작한다. 책을 낸다고 들었지만 제목이 맘에 들지 않으니 좀 바꿔달라는 내용으로, 환자가 먼저냐 아니면 병원에서 근무하는 직원이 먼저냐를 놓고 등수를 매기는 것이 말도 안 된다는 지적이었다. 저자는 이에 대해 조심스럽게 답장을 보냈고 책의 제목은 바뀌지 않았다. 그는 머리말에 이렇게 덧붙였다.

이 책의 제목은 논란의 여지가 있고 직설적인 데다가 불쾌감을 불러일으킬 수도 있다. 바로 그거다. 우리 의료업계에 변화의 바람을 일으키기 위해서 필요한 것이 바로 그것이다. 의료계의 뺨을 크게 철썩 내리칠 수 있는 무언가가 필요하다. 그래야 정신을 차리고 팀에 집중해야 한다는 책임감을 받아들이기 시작하면서 환자들의 건강한 삶을 지켜줄 수 있다. 우리는 더 나은 환자 경험을 전달하기 위해 마음을 터놓고 솔직하게 대화를 나눠야 한다. 그리고 그 일은 실무를 담당하는 팀에서부터 시작되어야 한다. 다시 한번 분명히 말씀드린다. 이 문제를 솔직하게 따지고자 하는 건 돈 때문이 아니다. 의료업계에 대대적인 변화를 불러올 수 있도록 토론의 장에 불을 지피고자 하는 것이 우리의 의도다. 혹시라도 여러분 중에 우리가 환자를 무시해도 좋다고 말한다고 받아들이는 사람이 있다면, 이 책을 읽는 동안 그런 생각을 떨쳐버리게 될 것이다.[7]

미국의 톱 클래스 병원 중 하나인 메이요 클리닉에 가보면 로비 벽에 이런 글이 적혀 있다. 'The needs of the patient come first.' 다시 말해 환자가 최우선이다라는 의미다. 전 세계에서 환자가 몰려드는 최고의 병원이 슬로건을 내걸고 환자를 최우선으로 대하는 마당에 한낱 의료계 종사자일 뿐인 폴과 브릿이 환자가 두 번째Patients come second라고 외쳤으니 일반인이 보기에는 영 아니었던 것이다. 사실 메이요 병원이나 폴과 브릿 모두 지향하는 바는 동일하다. 결국 환자의 좋은 결말과 행복인데 메이요 병원도 직원의 행복을 우선하는 문화를 이미 바탕에 깔고 있는 덕분에 환자 최우선의 슬로건이 직원들 마음에 자연스레 자리하고 있는 것이다.

고용된 직원 수만 6만 명이 넘는 메이요 클리닉은 이직률이 낮은 것으로도 유명하다. 2017년 기준으로 이 병원은『포천』지 선정 '일하고 싶은 최고의 직장 100곳'에 14년 연속으로 뽑힐 만큼 직원들의 만족도가 매우 높다.[8] 6년 연속으로『US 뉴스 앤드 월드 리포트』가 선정한 최고의 병원이라는 영예는 직원들의 자부심 속에서 이루어졌다고 해도 과언이 아니다. 병원은 의료진을 포함한 직원들이 일하기가 참으로 힘든 직장이다. 특히 대형 병원은 365일 24시간 내내 돌아가야 하고 중증 질환과 응급 환자로 한순간도 긴장을 풀어서는 안 되기에 격무의 강도는 일반인의 상상을 초월한다. 그런데도 일하고 싶은 최고의 직장에 매년 뽑히는 메이요 클리닉의 저력은 도대체 어디서 나올까? 바로 직원들로부터다. 국내 현실로 와보자. 취업 정보 사이트인 인크루트는 2004년부터 '대학생이 뽑은 일하고 싶은 기업' 순위를 매년 매기고 있다. 10위까지 발표하기는 하지만 지금까지 병원이 이 순위에 들어간 적은 한 번도 없다.『포천』이 선정하는 100대 기업은 대상 기업의 수와 규모 면에서 우리나라와 비교할 수준이 아니다. 그 최고의 직장에 메이요 클리닉이 들어갔다는 사실만으로도 의료계에서는 기적과 같은 일인 것이다.

2022~2023년『US 뉴스 앤드 월드 리포트』가 발표한 최고의 병원 1위는 메이요 클리닉이었고, 4위에는 클리블랜드 클리닉이 올랐다. 나는 클리블랜드 클리닉을 보면 늘 국제 콘퍼런스 하나가 떠오른다. '환자 경험 서밋Patient Experience Summit.' 10여

년의 역사를 가진 이 콘퍼런스의 미션은 병원에서 일하는 모두가 환자와 그 가족의 기대를 초월하는 환자 중심의 진료를 수행하자는 것이다. 수년 전 우리 병원의 몇몇 직원과 함께 클리블랜드 클리닉의 대강당에 앉아 하루 종일 진행되는 강연과 토론을 보며 나는 탄성을 내뱉을 수밖에 없었다. 주연은 환자와 가족이고 병원은 조연일 뿐이었다. 치료받고 퇴원한 환자와 가족들이 직접 나와 자신들이 느꼈던 경험을 조목조목 얘기하고, 병원 식구들은 비판과 칭찬을 동시에 들으며 환자와 가감 없이 소통하는 모습에서, 훌륭한 병원은 직원들이 스스로 나서서 환자에게 최상의 경험을 선사하는 학술 모임을 연다는 사실을 뼈저리게 느낄 수 있었다. 환자와 가족의 피드백을 받아 그 자리에서 개선안을 고민하는 병원의 자세는 전 세계에서 몰려든 병원 관계자들에게 자신감의 표현으로 비쳤다. 그 자부심은 클리블랜드 클리닉의 조직 문화의 상징과도 같았다. 우리 병원 직원들도 저만큼 자신이 있을까? 나는 그곳에서 환자가 두 번째가 되어야 하는 이유를 절실히 깨달았다.

솔직히 조직에서는 수동적일 때 편하다. 능동적으로 활동하려고 하면 여기저기서 치여 괜히 나섰나 후회되기도 한다. 사람 성향의 차이도 있어 수동적인 상황에서 능력을 잘 발휘하는 직원이 있는가 하면 능동적인 일에서 뛰어난 사람도 있다. 팀장과 중간 관리자는 팀원 개개인의 차이를 파악하고 있다. 중요한 것은 동기화다. 최상의 환자 진료를 위해서는 수동적인 직원이든 능동적인 직원이든 스스로 움직여야 하는데, 그 움직임의 핵심 열쇠는 병원 리더십으로, 그들이 직원들의 동기화를 불러일으킬 수 있다. 의료진을 비롯해 병원 업무 종사자들이 모두 첫 번째로 대접받을 수 있다면 최선이겠지만, 그렇나 해도 모든 직원이 병원으로부터 받은 대접만큼 환자와 가족에게 열과 성을 다하지는 않는다. 여기에 병원의 고민이 있다. 메이요 클리닉과 클리블랜드 클리닉의 직원들은 예외 없이 병원으로부터 첫 번째로 대접받고 동기화가 저절로 되어 환자를 돌볼까? 그렇지 않으리라는 것을 우리는 안다. 병원에서 일하는 사람들은 대부분 소명의식을 가지고 있다. 봉사와 희생, 그리고 배려를 타고났기에 병원 근무를 선택한 사람들이다. 그래도 시간이 흐르는 가운데 업무 능력이 비교되면서 상당수는 자신에게 실망하고 상대적 박탈감에 빠져 업무를 태만하게 한다. 그리고 당사자들은 그렇지 않다고 생각하지만 병원 리더십은 그들의 능력이 떨어진다고 판단해버린다. 그러고 나면 병원의 에너지가 이들의 이탈을 막는 데 쓰이기 시작한다. 정상적으로 일 잘하는 동료들에게 영향을 줄까봐 불만 사항을 조사하고 상담하고 중간 관리자로 하여금 개선안을 내도록 독촉한다. 병원은 소수의 사례를 모아 이러면 안된다며 대다수에게 교육을 한다. 자기 역할을 잘한 다수의 직원은 이런 나쁜 경험을 공유하며 눈살을 찌푸린다. 알게 모르게 악

영향을 받으며 서로의 신뢰에 금이 가기 시작한다. 정말이지 악화가 양화를 구축한다. 이런 데 투여된 많은 시간과 비용 때문에 병원은 제대로 일도 하기 전에 진이 빠진다. 이것이 대부분 병원의 현실인데 어쩔 수 없다며 그냥 받아들여야 하는 것일까?

브릿 베렛은 『환자는 두 번째다』에서 자신에게 온 환자 보호자의 편지를 실어 생각의 전환을 보여주었다. 미숙아로 태어난 쌍둥이가 신생아 중환자실에 입원했는데 엄마가 보낸 편지를 아래에 소개한다.

안녕하세요 브릿 선생님.

신생아집중치료실에서 일하는 타오 간호사에 관한 얘기인데, 감탄할 만큼 놀라운 얘기라 선생님께 전해드리고 싶었습니다. 지난주 화요일에 타오 간호사와 통화를 하다가 이틀 후에 저와 남편의 결혼 10주년이라는 얘기를 하게 됐습니다. 둘이서 외식을 할 거란 얘기도 했고요. 그 주 목요일에 우리 부부가 신생아집중치료실에 들어가는데 타오 간호사가 우리를 보자마자 제일 먼저 결혼기념일 축하한다는 말을 전하더군요. 그걸 기억하다니 얼마나 놀랐는지 모릅니다. 애기를 보고 있는데 타오 간호사가 우리에게 어디에서 저녁 식사를 할 건지 묻더군요. 그냥 물어보나보다 생각하고 우리는 저녁 식사를 하러 갔습니다. 식사가 끝날 때쯤 종업원이 오더니 후식으로 뭘 드시겠냐고 묻기에 후식은 됐다고 했습니다. 그랬더니 그 종업원이 하는 말이 타오 간호사가 전화를 걸어서 우리 결혼기념일을 축하하는 의미로 자기가 디저트를 사겠다고 했다는 겁니다. 타오 간호사가 전화로 우리가 어떤 옷을 입고 있는지 이미 얘기를 해놓았기 때문에 종업원이 우리를 알아볼 수 있었던 거죠. 눈물이 나더군요. 남편도 이렇게 감동을 받아본 적은 처음이라고 했습니다. 집에 오는 길에 고맙다는 말을 전하기 위해 타오 간호사에게 전화를 했더니 "그동안 많이 힘드셨을 텐데 오늘은 두 분이 특별한 밤을 보내셔야 당연하죠"라고 말해주더군요. 그래서 제가 "타오 씨가 우리 아이들을 돌봐주고 있는데 우리가 오히려 후식을 사드려야죠"라고 했습니다.

선생님께서 이 얘기를 듣고 싶어하실 거라고 생각했습니다. 타오 간호사가 얼마나 따뜻한 마음을 지니고 있는지 그리고 그런 분이 우리 아이들을 돌봐주니 우리는 축복받은 사람이라는 것도요.

쌍둥이 벤과 윌리엄의 엄마, 아빠[9]

브릿 베렛의 주장은 다음과 같다. '대부분의 직장에서는 능력이 떨어지는 직원을 더 고민하기 쉽다. 불평분자나 패배주의자들에게 신경 쓰지 말자. 적극적으로 참여하는 직원들에게 신경을 더 써라.'[10] 초점을 바꿔야 한다는 그의 주장은 설득력이 있다. 가우스 정규분포 그래프에서 왼쪽 끝에 불만 가득한 직원들이 속해 있고 오른쪽 끝으로 타오 간호사 같은 직원이 모여 있다면 대부분을 차지하는 중간 사람들에게 불평분자가 아니라 타오를 쳐다보라는 메시지를 전해야 한다는 것이다. 타오 간호사와 같은 직원에게는 칭찬은 물론 금전적인 보상도 해주어야 한다. 사실 타오 간호사가 개인 비용으로 쌍둥이 부모의 후식을 샀는지는 알 수 없다. 물론 그런 천사들도 있기는 하지만 직원이 환자를 위해 사용한 만큼 병원은 어떻게 해서라도 그 비용을 메꿔줬을 것이다. 이처럼 환자를 위한 선한 사례가 병원 안에 공유되면 그것들이 쌓여 문화가 된다. 직원들의 동기를 부여하는 일은 병원 리더십이 나서서 해야 한다. 전담 부서도 필요하다. CHO(Chief Happiness Officer), 즉 직원행복 매니저는 병원에서 가장 중요한 책무를 맡는 사람이어야 한다. 그래서 디즈니의 프레드 리는 리더의 생각이 바뀌어야 한다고 강조한다. 그는 이렇게 말했다.

오해가 없기를 바란다. 나 역시 직원들이 즐겁게 일할 수 있는 환경을 만드는 데 많은 신경을 쓴다. 정직하지 않고, 직원들을 돌보지도 않으며, 자신의 우월성과 통제권을 강화하기 위해 불필요한 관료적 환경을 만드는 형편없는 매니저들 역시 디즈니를 떠나야 한다. 회사는 옥석을 가려낼 줄 알고, 완벽을 향한 열정과 꿈을 팀원들과 함께 나누며, 그들의 사기를 북돋워줄 수 있는 매니저를 찾고 육성하는 데 많은 노력을 기울여야 한다. 우리에게는 직원들이 결코 현실에 만족하지 않고 지속적인 발전에서 기쁨을 찾도록 그들을 동기 부여하는 문화를 만들 수 있는 매니저가 필요하다.[11]

다시 메이요 클리닉 이야기로 돌아가본다. 따뜻하고 자부심 넘치는 조직 문화가 형성되고 그 문화를 좋아한다면 직원들은 결코 그곳을 떠나지 않는다. 이직률이 높은 병원은 그 원인을 내부 문화에서 찾아야 한다. 일이 힘든 게 아니다. 사람이 힘들게 한다. 환자가 넘쳐 입에서 단내가 나도록 힘들어도 자기 병원을 사랑하는 직원은 떠나지 않는다. 병원의 핵심 가치는 뚜렷해야 한다. 그리고 그 병원의 메시지에 따라 직원들은 떠나거나 끝까지 남게 마련이다. 세계적인 경영 그루 짐 콜린스는 『좋은 기업을 넘어 위대한 기업으로』에서 이런 말을 남겼다. "좋은 회사에서 위대한 회사로의 진화에 불을 붙인 경영자들은 버스를 어디로 몰고 갈지 먼저 생각하고 난 다음 버스에 사람들을 태우지 않았다. 반대로 버스에다 적합한 사람들을 먼저 태우고(부적합한 사람들은 버스에서 내리게 하고) 난 다음에 버스를 어디로 몰고 갈지 생각했다."[12] 조직의 핵심 가치를 충분히 이해하는 역량 있는 사람이라면 직무의 종류에 상관없이 선발해야 하고 또한 그들의 동기를 북돋워주도록 물적·심적으로 우대해야 한다는 의미다.

다시 한번 강조하는데 병원의 직원이 행복해지면 그 혜택은 온전히 환자에게 돌아간다. 시어머니가 며느리에게 잘하면 그 혜택은 아들에게 가는 법인데, 많은 시어머니가 그걸 모르고 며느리가 아들에게 잘하나 못 하나만 쳐다본다. 병원은 직원에게 더 베풀어야 한다. 물론 병원의 핵심 가치를 잘 이해하고 자기 직장을 사랑하는 직원에게 혜택이 돌아가게 해야 한다. 직원이 첫 번째가 되는 순간 진정 환자가 첫 번째가 된다.

제6장

휴머니즘
의료

의사 입장에서 쓰는 약, 환자 입장에서 쓰는 약

약이란 누굴 위해 존재하는 것일까? 대부분은 환자를 위한 것이라고 답하겠지만 꼭 그렇지만은 않다. 경제적인 이득을 취하는 약국과 제약 관련 업계를 제외하고, 약의 효능을 통해 이득을 보는 집단은 환자 외에 한 군이 더 있다. 바로 의사다. 고개를 갸우뚱할 수도 있지만 환자가 약을 선택하는 것이 아니라 의사의 처방에 따라 환자가 약을 복용하게 되므로 의사는 정말 엄청난 무기를 가지고 있는 것이다. 더 효능 있는 약을 택하는 것이 의사의 중요한 역할이 된다. 오래전 유명했던 서부 영화의 한 결투 장면에서 이런 대사가 나온다. '세상에는 두 종류의 인간이 있지. 총을 가진 자와 그 총에 맞는 자.' 대결이기 때문에 두 사람 다 총을 들고 있지만 누가 먼저 빠르고 정확하게 방아쇠를 당기느냐가 관건이 된다는 의미다. 약이란 환자와 의사 사이의 인터페이스다. 원래 인터페이스는 양자 간 소통을 위해 만들어진 매개체를 의미하는데 방향성에 따른 지배 구조를 갖게 될 때 문제가 된다. 즉 환자와 의사 중 어느 입장이 더 강한가에 따라 약물의 선택과 쓰임새가 바뀐다.

열여섯 살 하준이는 크론병 환자다. 빠르게 적절한 치료를 받아 장 크론병은 많이 호전됐는데 요즘은 입안의 궤양이 하준이를 괴롭히고 있다. 구강 곳곳에 궤양이 나타났다가 사라지길 반복해서 그 통증에 밥을 먹지 못할 정도였다. 구강 궤양은 크론병의 증상일 수도 있지만 장 내 대부분의 궤양이 치료된 상태라 잘 설명이 되지 않았다. 사실 정상인도 입안의 궤양으로 고생하는 경우가 많아 구강 궤양을 크론병과 연관시키기는 무리였다. 외래에서 두 달 간격으로 생물학적 항체 주사를 맞아오다가 얼마 전 마지막 내시경 검사에서 장 안의 궤양은 거의 사라졌다는 좋은 결과를 받아 기뻐해야 할 하준이는 입이 아파 밥도먹지 못하게 되자 결국 입원했다. 의료진은 정맥 주사로 영양을공급하면서 구강과 관련된 여러 과에 협진을 냈다. 먼저 이비인후과의 답은 항염증 가글을 처방하는 것이었다. 별로 호전이 없자 치과에도 협진을 냈다. 그랬더니 소독 가글과 마취제인 리도카인 가글을 처방해주었다. 증상에 변함이 없자 치과 의료진은며칠 뒤 궤양 부위에 스테로이드 주사를 투여했다. 워낙 강력한 항염증제인 스테로이드가 들어가자 잠시 효과를 보이는 듯하더니 하준이의 구강 궤양은 바로 재발했다. 수소문 끝에 어느 대학병원의 피부과 교수가 입안 궤양의 치료 경험이 많다는 정보를 얻었고 환자는 직접 그 병원을 찾았다. 처방은 의외였다. 자극이 되는 모든 치료를 중단하라는 메시지가 전부였다. 구강 점막에 닿는 모든 약의 투여를 중지하자 신기하게도 하준이의 구강 궤양은 사라지기 시작했다. 병에 약을 쓰지 않았더니 증상이 호전됐으며 하준이와 그 가족들은 모두 좋아했다. 소식을 전해 들은 우리 의료진도 물론 기뻐했다. 원래 하준이는 미국에 가서 공부할 계획을 세우고 있던 차에 구강 궤양 때문에 출발을 미루고 있었는데 이마저 다 해결된 것이다. 하준이는 미국 모 지역의 큰 대학병원 의사에게 예약을 잡아 공부하는 동안 그 병원에 다니기로 하고 한국을 떠났다. 몇 달 후 하준이에게 연락이 왔다. 구강 궤양이 심하게 재발했다는 것이다. 그리고 그곳 의사는 장에도 궤양이 생겼을 수 있다며 위장 내시경을 권유했고 하준이는 동의할 수밖에 없었다. 내시경을 한 뒤 오히려 구강 궤양이 더 나빠졌고 한국에서처럼 음식 섭취가 불가능할 정도가 되자 의사는 먹는 스테로이드 약을 처방했다. 약을 먹어도 좋아지지 않자 하준이는 자신의 입안 상태를 사진으로 찍어 한국에 있는 아빠에게 보냈고 아빠는 피부과 교수를 찾아갔다. 사신을 본 그 교수는 아빠에게 단호하게 말했다. "내시경을 하면서 구강 점막에 또다시 자극이 가해졌을 수도 있고요, 스테로이드 약도 끊어보세요. 지난번 얘기했던 것처럼 입안에 자극 주는 걸 피해주세요." 그로부터 얼마 후 하준이의 구강 궤양은 다시 사라졌다. 그러자 하준이가 이렇게 말했다고 한다. "밥 먹는 게 이렇게 행복한 일인 줄 몰랐어요."

크론병을 치료하는 우리 병원 소아청소년과 의료진은 스테로이드를 쓰지 않으려고 노력한다. 하준이가 구강 궤양으로 고생할 때도 우리 소아청소년과에서는 사용하지 않았지만 다른 과 의사들은 스테로이드 처방에 호의적이다. 참 묘한 약이다. 열 감기가 심할 때 조금만 사용해도 열이 떨어진다. 두드러기가 심해도 스테로이드 한 방이면 바로 사라진다. 관절 통증에도 사용하고 안면 신경 마비에도 쓸 수 있다. 암이건 자가면역 질환이건 스테로이드는 온갖 질병에 많이도 사용된다. 겉으로 보이는 피부에도, 속으로 숨어 있는 장 점막에도 염증이 있는 부위는 모두 듣는다. 스테로이드로 통칭되는 이 부신피질 호르몬은 실로 만병통치약이다.

그리스 신화에 나오는 파나케이아Panacea는 만병통치의 여신이다. 네 명의 자매가 더 있었는데 히기에이아Hygiea는 위생의 여신, 이아소는 치유의 여신, 아글레이아는 생기의 여신, 그리고 아케소는 치료과정의 여신이다. 파나케이아는 병자를 고치는 데 사용하는 약으로 의미가 바뀌어 현대에 와서는 모든 질병을 치료하는 만병통치약 파나세아panacea로 불리고 스테로이드가 그 역할을 톡톡히 해내는 듯하다. 파나케이아가 언니인 히기에이아보다 인기도 높았다고 하는데 지금도 사람들이 위생hygiene보다 만병통치 치료 약에 관심을 더 가지니 스테로이드는 여전히 약품 목록 최상위에 올라 있다. 사실 부신피질 호르몬은 주로 강력한 항염증제 및 면역억제제로 사용된다. 1935년 미국의 에드워드 켄달과 스위스의 타데우스 라이히슈타인이 부신피질 추출액에서 코르티손을 분리하는 데 성공했고 메이요 클리닉의 필립 헨치가 이 물질을 류마티스 관절염 치료에 적용하면서 스테로이드의 치료 역사는 시작됐다. 결국 1950년 이 세 명은 노벨생리의학상을 공동 수상한다. 노벨상을 탈 정도로 중요한 약인 스테로이드는 효과가 강한 만큼 부작용도 만만치 않아 이제 의료 전선에서는 끊는 게 목적인 약이 되어버렸다.

스테로이드는 처음 사용하면 일단 반응이 온다. 증세가 호전되는 것이다. 그런데 끊으면 재발할 수 있다. 그렇다고 계속 복용하면 안 된다. 장기 복용 시 몸의 호르몬 체계가 바뀌기 때문에 거의 모두가 부작용을 겪는다. 한번 이렇게 생각해보자. 스테로이드는 의사와 환자 중 누가 더 선호할까? 의사다. 의사의 관점에서 볼 때 크게 도움이 된다. 일단 환자가 좋아지기 때문이다. 하지만 환자의 관점에서 보면 그다지 좋은 약이 못 된다. 내가 어떤 급성 질환에 걸렸다고 가정해보자. 만약 스테로이드가

단 한 번의 사용으로 질병을 낫게 해준다면 이것은 명약이다. 단기간만 쓰는 스테로이드는 몸의 호르몬 체계에 영향을 주지 않아 부담이 없다. 문제는 스테로이드가 처방되는 병들이 급성 질환보다는 주로 만성 혹은 중증 질환이라는 점이다. 이런 질병에는 워낙 선호되는 치료제가 정해져 있는데 그 약이 잘 안 들을때 어쩔 수 없이 스테로이드가 급하게 사용되곤 한다. 만성 혹은 중증 질환에서 증상이 악화되면 초기에 고용량의 스테로이드를 1~2주 이상 사용하고 두어 달에 걸쳐 서서히 줄여나간다. 처음에 호전되던 증상은 스테로이드를 줄이는 과정에서 다시 나빠지기 쉽다. 그러면 또 스테로이드를 써야 할까? 그래서 스테로이드는 환자 입장에서 볼 때 훌륭한 약이 될 수 없다. 만성 질환은 매우 천천히 진행되면서 종국에는 큰일이 벌어지기 마련이다. 아무리 열심히 컨트롤해도 보이지 않는 만성 질환의 장기 경과를 붙들어 맬 수는 없다. 스테로이드는 그때뿐이다. 고혈압이 생기면 혈압 강하제를 평생 복용한다. 고지혈증이 조절되지 않으면 식이 요법으로 해결되지 않는 한 지속적으로 지질을 떨어뜨리는 약을 먹게 된다. 만성 질환에 쓰이는 약들은 이렇게 장기간 사용되는 법인데 스테로이드는 끊는 게 목적인 약이라니 참으로 아이러니가 아닐 수 없다. 의사들도 자신이나 가족에게 스테로이드를 처방하겠냐고 물으면 대부분 주저한다.

하준이를 진료했던 피부과 의사는 스테로이드뿐만 아니라 모든 약을 끊으라고 했다. 환자 입장에서 상황을 판단한 덕분에 하준이는 나을 수 있었다. 의사의 입장이라면 증상에 대한 약을 처방하는 게 낫지만 그 의사는 참았다. 그 결정은 오랜 경험에서 우러났을 테다. 피부과 의사는 약물 처방의 유혹에서 벗어날 수 있는 내공을 갖춘 분이었다. 미국 의사는 본인도 궁금했고 또한 하준이의 상태를 확인해야 한다는 의무감에 위내시경을 시행했지만 사실은 하준이를 위해서 참았어야 했다. 의사는 의사 입장에서 약을 처방하기 쉽다. 내 편에서 남을 바라보지 남의 입장에서 남을 바라본다는 것은 참 어려운 인간의 한계다. 물론 의사가 환자의 증상에 대해 약을 꼭 처방하려는 것을 설명하는 심리적 기전은 존재한다. 축구의 페널티 킥에서 키커가 골문 중앙으로 그것도 천천히 툭 차서 성공하는 장면을 본 적이 있을 것이다. 파넨카 킥이라고 한다. 예전에 체코슬로바키아의 미드필더인 안토닌 파넨카가 처음으로 시도해서 세상에 알려진 이 킥은 골키퍼가 페널티 킥을 막을 때 언제나 좌측 혹은 우측으로 몸을 던지기 때문에 만들어졌다. 잘 생각해보면 골키퍼가 가만히 서 있기만 해도 중앙으로 오는 공을 막을 수 있다는 것을 다 안다. 그런데도 골키퍼는 일단 옆으로 뛴다. 왜냐하면 그냥 서 있으면 자기 일을 안 하는 것처럼 보일 수 있으니까. 아무것도 하지 않고 있는 것보다 무언가 시도하는 것이 더 낫다고 믿는 이 심리적인 기전을 우리는 '행동편향'이라고 부른다.

페널티 킥 상황에서 골키퍼가 파넨카 킥에 대비해 가만히 서 있었다면 엄청난 비난을 받을 것이 분명하다. 이 행동편향은 전문가 집단에서 유독 심하게 나타난다. 당연하지 않을까? 그 분야의 전문가에게 누군가 찾아왔는데 아무것도 하지 말고 돌아가라고 하면 사람들은 그가 전문가라는 사실을 믿지 못할 것이다. 이러한 인간의 본능적인 심리를 통해 어렴풋이 의사가 작은 증상에도 약물을 처방하는 이유를 설명해볼 수 있지만, 환자 입장에서 증상이 유발된 상황을 파악하고 여러 맥락을 고려하는 의사라면 약이나 검사를 처방하지 않고 환자를 안심시키며 단호하게 돌려보낼 수도 있을 것이다.

실제로 우리 주변에 얼마나 많은 의사가 약을 안 쓰는 진료를 하고 있는지 궁금하다. 우리 속담에 약에 관한 이야기가 많은데 흥미롭게도 환자의 입장과 의사의 입장이 갈린다. '세월이 약이다' '들으면 병이요 안 들으면 약이다' '사후 약방문' 같은 속담은 환자의 입장을 대변한 듯하다. 반대로 '쇠똥도 약에 쓰려니 없다' '독약도 잘 쓰면 보배다' '입에 써야 약이다' 같은 속담은 의사 입장에서 본 것이다. 사실 의사로서 본인이 혹은 본인 가족이 환자라고 생각하고 진료를 하면 크게 실수하지 않을 것 같은데 그게 참 어렵다. 그래서 스테로이드 처방은 오늘도 내일도 우리의 뒷담화에 오르내릴 수밖에 없다.

책의 앞부분에서 의사들이 따르려고 하는 치료 가이드라인에 대해 말했다. 이쯤에서 한 가지 예언을 해보겠다. 언젠가 소아청소년의 크론병 치료 가이드라인에서 스테로이드는 없어질 것이다. 의사 입장에서 봤을 때 약이기 때문이다. 의학 기술의 발전과는 상관이 없다. 이 약은 휴머니즘이 작동하면서 자연스럽게 빠질 것으로 보인다. 환자 입장을 고려하지 않은 치료이기 때문에 그 폐해를 일반 사람들이 널리 알게 되고 전문가들이 고개를 끄덕이며 인정할 때 분명히 바뀔 것이다. 결국 환자가 바꾼다.

의사와 환자에게 스테로이드는 어떤 의미를 가질까? 귀에 익숙한 노래 아이유의 「너의 의미」에 나오는 김창완의 마지막 독백이 절로 떠오른다.

"스테로이드야, 도대체 넌 나에게 뭐냐?"

어느 병원 인턴의 하룻밤: 개인적 능력

병원에서 인턴은 의사 단계 중 가장 아래에 있다. 업무는 주로 술기와 처방 등 전공의가 하는 일을 보조하는 것이다. 권한이 많지 않은 만큼 책임도 따르지 않는다. 어떻게 보면 고민 없이 가장 편하게 일하는 것 같지만 마음먹기에 따라 천당과 지옥을 오갈 수 있다.

대장 내시경은 어른에게도 힘든데 아이가 해야 한다면 환자와 가족 그리고 의사 모두 걱정할 수밖에 없는 검사다. 내시경을 할 때는 수면 마취 상태에 있으므로 그나마 괜찮지만 정말 힘든 것은 전날 밤새워 대장을 비우는 장정결제를 먹는 일이다. 대장 내시경을 경험해본 이들은 한결같이 말한다. 몇 리터씩 먹어야 하는 느끼하고 맛없는 장정결제 때문에 고생한다고. 실제로 그 물을 들이키다보면 구역질이 나오고 토하기도 한다. 예민한 사람들에게는 트라우마다. 열두 살 이연이가 그랬다. 만성 염증성 장 질환이 의심돼 입원한 이연이는 예민하고 걱정이 많은 아이였다. 밤 9시, 공포의 찝찔한 물 먹기가 시작됐다. 처음에는 엄마가 웃음으로 달랬다. 미각과 후각마저 예민한 이연이가 조금씩 몇 잔을 마시더니 이내 포기한다. "나 이 물 못 먹어." 엄마의 얼굴이 조금씩 굳어진다. "나 토할 것 같아." 아이가 점점 더 거부한다. 목표량을 머릿속에 그린 엄마에게 오늘 밤은 지옥이 될 것 같았다. 두 시간이 흘렀는데 이연이가 마신 장정결제 양은 10분의 1도 되지 않았다. 주치의를 맡고 있는 전공의가 결단을 내렸다. 콧줄이라 불리는 비위관을 삽입해 주사기를 통해 물을 위장 안으로 바로 밀어넣기로 한 것이다. 당직 인턴이 비위관을 가지고 이연이에게 갔다. "이 콧줄은 너를 도와주는 거야. 콧줄을 통해 이 물이 들어가면 맛을 느끼지 못할 테니까 곧 다 먹을 수 있겠네." 이연이가 잠시 괴로워하긴 했으나 비위관은 코와 목구멍을 거쳐 수월하게 위장 안으로 삽입됐다. 그로부터 간호사와 엄마가 번갈아가며 주사기를 사용해서 장정결제를 넣었지만 강제로 위장 안에 가득 찬 그 물 때문에 거북함을 호소하던 이연이는 끝내 위 안의 물과 콧줄을 모두 토하고 말았다. "나 이 냄새 역겨워." 위장 안에서 올라오는 냄새마저 이연이는 견딜 수 없었던 모양이다. 당직 인턴이 바로 소환되고 콧줄은 재삽입됐다. 그러나 이번에도 얼마 안 가 이연이는 물과 콧줄을 바닥에 쏟아냈다. 모두가 난감했다. 이연이는 울기 시작했고 엄마는 얼이 빠진 채 장정결제를 들고 있었으며 전공의는 당직 인턴에게 연락해서 다시 꽂으라는 말을 할 수밖에 없었다. 난장판이 된 병실에 새 콧줄을 들고 올라온 인턴은 상황을 판단하고 우는 이연이 옆에 앉았다. 그리고 다정하게 말을 건넸다. "힘들구나. 얼마나 힘들까? 엄마나 선생님이 대신해주면 좋을 텐데 그러지 못해 미안해." 인턴은 이연이의 마음을 어루만지는 데 집중했다. 그때 마침 옆 병동에서 호출이 왔다. 상황을 들어보니 조금 늦게 시행해도 큰 문제는 없을 것 같았다. "죄송한데요, 지금 정말 예쁜 환자 친구와 중요한 얘기를 나누고 있어요. 여기 일이 끝나면 연락하겠습니다." 인턴은 전화를 끊으며 이연이에게 찡긋 눈짓을 보냈다. '지금은 너가 가장 소중해.' 이연이가 마음을 가라앉히고 주변 상황을 살피기 시작하자 인턴이 말을 이어나갔다. "이연아, 이 콧줄을 다시 꽂아야 하는데 이것도 아프잖아. 어차피 토하다 보면 또 빠질 게 분명하고. 그럼 또 꽂아야겠네? 하면 할수록 이연이만 계속 아프겠구나. 이러다보면 꼴딱 밤새우겠어." 이 말에 이연이도 걱정스러운 표정을 지었다. 인턴은 마지막 중요한 메시지를 이연이에게 던졌다. "오늘 실패하는 건 상관없는데 내 생각에 대장 내시경이 하루 연기될 거 같아. 그러면 내일 밤 우리는 또 이 일을 반복하고 있을 거야." 사람에게는 내일이 있기에 근심이 존재하는 법이다. 이연이처럼 예민한 아이들은 미래에 대한 걱정이 많다. 그래서 걱정스러운 일이 벌어지지 않도록 늘 대비하는 성향을 보인다. 인턴은 그 심리를 자극했던 것이다. "어차피 콧줄 꽂으면 또 빠질 건데 나 같으면 말이야 콧줄도 안 꽂겠어." 이연이가 두 눈을 동그랗게 떴다. "한번 다시 해보자. 처음처럼 그냥 입으로 마시는 거야. 참을 수 있을 때까지 참아보지 뭐. 내일 또 하기는 싫잖아. 지난주에도 아홉 살 친구가 잘하더라고. 넌 벌써 열두 살이야. 언니지." 인턴은 이연이의 어깨를 토닥이며 자리에서 일어났다. 콧줄을 손에 쥔 채 돌아가며 엄마와 이연이에게 응원의 말을 했다. "꼭 해낼 거예요!" 그리고 그날 밤 기어코 이연이는 해내고 말았다.

며칠 후 이 인턴은 여덟 살 남자 환자의 뇌 MRI 촬영에 동반하게 됐다. MRI 촬영 때 환자는 좁은 기계 안에 들어가 가만히 누워 있기만 하면 되지만 수십 분이 걸리기도 해 아이들이 움직이지 않는 자세로 찍기에는 어려울 수도 있다. 그래서 아주 큰 아이가 아니면 수면 진정제를 투여해 아예 자면서 촬영하곤 한다. 환자와 동반하는 인턴의 역할은 MRI실에 도착해 촬영 직전 수면 진정제를 정맥으로 투여하는 것이다. 인턴은 MRI실로 가면서 환자와 두런두런 얘기를 나눴다. 짧은 시간이지만 아이랑 친해진 인턴은 아이디어 하나를 떠올렸다. '이 정도 나이면 수면제 맞지 않고 MRI를 충분히 찍을 수 있을 텐데…….' 하지만 얘기를 들어보니 아이가 좁은 공간을 무서워했고, 오랫동안 가만히 누워 있어야 된다는 말에 걱정이 많았던 아이와 가족은 수면제 맞기를 원했다는 것이다. 아이는 손에 휴대전화를 들고 있었고 틈틈이 게임을 하고 있었다. MRI실에 도착해서 인턴은 누워 있는 아이의 얼굴을 바라보며 제안을 하나 했다. "너 수면제 맞고 잔 다음에 일어나면 어지러워서 폰 금세 못 봐. 주사 맞지 말고 그냥 가만히만 있으면 곧 끝날 거고 그러면 바로 게임할 수 있을 텐데, 어때 그게 이득 아니니?" 그 말에 아이가 바로 거부하지 않고 곰곰 생각하는 표정을 짓자 인턴은 아이의 동기를 자극하는 한마디를 더 했다. "나이 든 형아들은 수면제 안 맞잖아. 너도 곧 형아가 되겠지." 그러자 아이가 응수했다. "나도 이제 형아거든요. 저 주사 안 맞고 그냥 해볼래요." 주사를 투여했으면 잘 때까지 기다려야 하고 신체 반응도 체크하는 등 시간이 더 걸렸을 텐데 인턴 덕분에 빠르게 진행되어 무사히 MRI 촬영을 마치자 옆에 있던 기사가 인턴을 추켜세웠다. "다 준비해온 수면 진정제를 주지 않고 이렇게 반전되어 끝난 적은 이번이 처음입니다." 그날 MRI실의 모든 사람이 행복해했다.

　그 인턴이 지방의 작은 병원으로 파견을 나갔을 때다. 한밤중에 일흔이 넘은 할아버지 한 분이 복통을 호소하며 응급실을 방문했다. 할아버지의 병원 기록을 보니 난청으로 소통이 어렵다고 기록돼 있었다. 소리가 잘 안 들리니 할아버지의 목소리는 쩡쩡 울렸고 물어보는 말에 연신 "뭐?" "뭐라고?" "배 아파"만 외쳐대고 있어서 응급실 의료진은 진료에 애를 먹고 있었다. 간신히 혈액을 채취하고 가슴 엑스레이를 찍은 뒤 결과를 보니, 혈액에 염증 수치가 꽤 올라 있었고 엑스레이에서 폐 아래 부분으로 폐렴이 의심됐다. 폐 하부의 폐렴으로 횡격막이 자극받으면 환자는 복통으로 느낄 수 있다. 이 경우는 복통이지만 배를 치료하는 것이 아니라 폐렴을 치료해야 복통이 낫는 법이어서 의료진은 확진을 위해 폐 CT를 찍기로 결정했다. 응급실 과장이 할아버지와 가족을 면담했다. "가슴 CT를 찍어야 한대요." 가족과 간호사가 할아버지 귀에 대고 외쳤다. 그러나 이미 고열과 염증에 아프고 짜증이 난 할아버지는 폐 검사를 한다는 것을 어느 정도 알아들었지만 갑자기 폐는 왜 검사하냐며 진통제나 빨리 달라고 주변에 호통만 칠 따름이었다. 난청 때문에 왜 폐 CT를 찍어야 하는지 잘 알아듣지 못한 것이다. 그때 옆에 있던 인턴이 책상으로 가더니 A4 용지를 들고 와 할아버지 앞으로 다가갔다. 그는 종이에 큰 글씨로 폐 CT가 왜 필요한지 그 이유와 폐렴을 치료하면 복통도 나을 것이라는 사실을 써내려갔고 할아버지는 그걸 읽은 후 바로 수긍할 수 있었다. 말이 정확하게 통하지 않아 서로 답답해하고 화만 돋우던 상황에서 인턴의 기지로 난장은 바로 해결됐고 할아버지는 쉽게 회복될 수 있었다.

위에 언급한 세 가지 사례에서 공통점이 발견된다. 인턴은 주어진 상황이나 지시에 그대로 따르지 않고 환자의 입장을 우선시했다. 환자를 대하는 순간 의학 지식보다 환자의 상황을 먼저 고려했다. 그러면 복잡한 주변 환경에서도 남들이 보지 못한 맥락을 볼 수 있고 그 능력은 적절한 치료 방법의 선택으로 이어지기 마련이다. 물론 자기 결정권이 제대로 작동한 결과임에 틀림없다. 세 가지 사례 모두에서 의학 지식은 중요하지 않았다. 삶의 지혜가 동원됐고 심리적 혹은 인지행동적 선택이 성공 요인이었다. 아마 이 인턴은 의학 이외의 책을 많이 읽었을 개연성이 높다. 대인관계도 좋았을 것이며 남의 마음을 읽는 데 탁월했을 것 같다. 그게 전부다. 똑똑하다고 이런 지혜가 늘 발휘되는 것은 아니다. 이제 이 인턴이 전공의 과정을 거치며 의학 지식으로 무장하기 시작하면 아마 무서울 게 없는 훌륭한 의사로 탄생할 것이다. 우리가 원하는 의사상이다. 이러한 능력을 가진 의사가 많아질수록 그 혜택은 국민에게 돌아간다.

수술장에서 머리 땋기: 팀의 능력

"나 머리 안 깎을 거야." 딸 지원이의 얘기를 들은 엄마는 웃어야 할지 울어야 할지 몰라 몹시 난감했다. 한 달 전 오른쪽 팔과 다리의 감각이 떨어지고 왼쪽에 비해 힘도 잘 주지 못하겠다는 고등학생 딸의 이야기를 듣고 가슴이 덜컹 내려앉았던 엄마는 그 후 여러 병원을 다니며 딸아이한테 뇌종양 진단이 내려지기까지의 고생이 주마등처럼 스쳐갔다. 사실 집안 형편이 좋지 못해 지원이는 학교를 다니면서 저녁마다 아르바이트를 해왔고, 오래전부터 팔다리 감각의 이상을 느꼈지만 아르바이트를 그만둘 수 없어서 팔다리의 운동 기능마저 떨어진 뒤에야 엄마에게 털어놓았다. 뇌 CT 촬영으로 지원이가 뇌종양을 진단받은 날 엄마는 자책하며 잠을 이루지 못했다. 그동안 딸에게 관심을 갖지 않아 이런 일이 벌어지지 않았나 후회하던 엄마는 수술이라도 최고의 의료진에게 맡기고 싶다며 우리 병원을 찾았다. 그리고 신경외과에 입원해 드디어 내일 아침 수술을 앞두고 있는데 엉뚱하게 지원이가 오늘 머리카락을 트집 잡은 것이다. 열심히 생활하던 지원이는 머리카락 자르는 것도 아까워 계속 길러왔다. 그러다보니 머리가 허리까지 가지런히 내려와 있었고 이제는 돈이 아까운 것이 아니라 그렇게 길렀던 머리카락이 아까워 뇌수술을 위해 삭발하는 것을 거부하고 나선 것이다. 수술 부위 확보와 그 외의 여러 이유로 두개골에 손을 대는 수술을 받을 때는 머리카락을 자르는 것이 당연하다. 예전에는 대체로 수술 전날 삭발했는데, 환자의 심적 충격을 덜어주기 위해 요즘은 수술 당일 마취를 걸고 머리카락을 잘라낸다. 그런데 지원이는 그것마저 거부했다. "아이고, 이 철없는 것아. 병 고치는 게 중요하지 그깟 머리카락이 뭐가 중요하냐? 또 기르면 되는걸." 엄마의 설득과 질책에도 지원이는 눈물만 뚝뚝 흘리며 싫다고 했다. 이 사실을 전해 들은 신경외과 의료진은 지원이의 의견을 무시하지 않았다. 수술 부위 주변으로만 최소화해서 머리카락을 깎아보겠다고 지원이를 안심시켰고 드디어 수술 당일 반신반의하며 울면서 수술장에 들어온 지원이의 마취가 시작됐다. 지원이의 수술을 집도할 신경외과 교수는 이미 아이디어 하나를 가지고 있었다. 지원이가 마취되자 수술팀에게 이렇게 말했다. "지원이한테 머리카락을 최소한만 잘라낼 것이라 약속했지만 수술 중이나 수술 후에도 머리카락이 문제를 일으킬 수 있으니 이 방법을 한번 써봅시다. 접근할 부위는 원래대로 깎고 나머지는 머리카락이 흩날리지 않도록 모두 땋는 거예요." 잠시 눈이 커진 간호사와 전공의와 인턴은 이내 무슨 의미인지 이해하고 미소를 지었다. 곧 작업이 벌어졌다. 수술 부위만 남기고 나머지 머리카락을 수술팀 전원이 달라붙어 여러 갈래로 땋기 시작했다. 바로 그때 누군가 수술방 안의 블루투스 스피커로 감미로운 노래를 틀었다. 모두가 흥얼거리며 수술방 안은 금방 축제의 장이 되었다.

　어떤 팀이 있다. 팀에는 리더가 있고 팀원이 존재한다. 팀장은 팀원을 믿고 팀원은 리더에게 의지한다. 일하면서 팀원이 느끼는 감정은 사실 리더가 만든다고 해도 과언이 아니다. 리더의 첫째 역할은 성과의 창출이 아니라 팀의 사기 진작임을 모두가 얘기하고 잘 알고 있지만 그게 쉽지 않다. 지원이의 뇌 수술을 집도한 신경외과 교수는 무엇이 중요한지 알고 있었다. 환자의 수술 성공은 팀의 성과지만, 성과에 이르는 단계에서 분위기를 편안히 하면서 환자와 팀이 모두 승자가 되는 과정의 필요성을 중시한 것이다. 우리는 '분위기'라는 말을 자주 쓴다. 분위기 좋은 카페, 분위기 좋은 레스토랑 등등. 분위기란 특정 상황을 둘러싼 환경을 말한다. 나라는 개인의 입장에서 보면 가족도 환경이고 학교도 환경이며 직장도 환경이 된다. 나를 둘러싼 환경이 이리 많은데 어디에 가면 나는 편안하게 느끼지만 어디에 가면 배척받기도 한다. 수많은 환경 속에서 내가 바라보는 주변에 대한 호불호가 각각 다르고, 내가 받는 시선이 부드러울 때도 있고 따가울 때도 있다면 이걸 정말 나만의 문제로 볼 수 있을까? 그러기에는 너무 많은 변수가 존재한다는 걸 우리는 안다. 내가 속해 있는 조직의 분위기는 실제로 내 생각과 행동을 좌지우지한다. 나는 조직 안에서 편안하게 활동할 수도 있지만 옥죄이며 아무 말 못 하고 지낼 수도 있다. 내가 조직을 만드는지 조직이 나를 만드는지 답을 내놓기는 여전히 어렵지만, 중요한 점은 조직에서 나를 인정해줬으면 한다는 것이다.

　사람들은 직장에서 실수하지 않으려고 노력한다. 자신의 실수로 일이 틀어지면 그에 대한 대가를 치를 것이 두렵기 때문이다. 직원의 실수에 대하여 질책하고 처벌하는 문화가 팽배한 조직에서는 직원들이 복지부동하는 것이 당연하다. 그들은 새로운 일을 벌이기보다는 가만있는 게 더 낫다고 생각한다. 거꾸로 직장 내에서 응징이나 처벌이 없을 테니 위험을 무릅써도 된다는 믿음을 주는 조직도 많다. 이런 조직은 직원들에게 '심리적 안전감'을 알게 모르게 제공하고 있는 것이다. 하버드대학의 에이미 에드먼슨은 사람들이 심리적으로 안전한 환경에서 더 많이 배우고 혁신을 이룬다는 사실을 연구를 통해 입증했다.[1]

　한 연구에서 에드먼슨은 병원의 여덟 부서 직원들을 대상으로 일터에서 얼마나 심리적 안전감을 느끼는지, 그리고 치료와 관련된 실수를 얼마나 많이 하는지 물어보았다. 병원에서의 실수는 환자의 안전과 직결되므로 직원들은 늘 실수 예방 교육을 받는다. 설문 결과 심리적 안전감이 클수록 실수 빈도는 확실히 높았다. 그런데 이 결과만으로 사람들이 안이해져서 실수 확률이 높아진 것이라고 단정 지을 수 있을까? 에드먼슨은 연구를 통해 이 통념을 뒤집었다. 직원들이 심리직으로 안진하다고 느낄수록 저지른 실수를 더 편안하게 보고하는 것일 뿐 실수의 빈도 자체가 늘어나는 것은 아니라고 결론지었다. 그가 더 객관적으로 조사했더니 심리적 안전감이 높은 부서가 더 많은 실수를 저지르는 것은 아니었다. 심리적 안전감이 떨어지는 부서의 직원은 처벌이 두렵기 때문에 자기 실수를 숨기는 경우가 많았다는 것이다. 그러면 그들은 실수로부터 배우는 것이 없어진다. 이것은 매우 중요한 문제다. 심리적 안전감이 높은 부서는 실수를 공유하기 때문에 같은 실수가 반복되지 않도록 하고 결국 실수는 줄어든다.[2] 직장의 분위기는 참으로 중요하다. 내가 속한 조직의 환경에 따라 나 자신의 마음가짐과 태도는 달라진다. 인간의 심리적 본능은 보편적으로 유전자에 새겨져 있어 대부분의 사람에게 동일하게 적용된다. 다음의 실험도 마찬가지다.

2000년 어느 날 오후 미국 시카고의 한 극장에 멜 깁슨 주연의 블록버스터 영화 「페이백」을 관람하러 들어가던 관객들에게 공짜 선물이 제공됐다. 팝콘 한 통이었는데 관람이 끝나고 설문조사에 응하기만 하면 받을 수 있는 조건이었다. 팝콘은 특이했는데 닷새 전에 만들어진 것이라 눅눅하고 정말 맛이 없었다. 누구는 스티로폼을 씹는 느낌이라고 불평하기까지 했다. 관객 중절반에게는 대형 통에 든 팝콘이 제공됐고 나머지 절반에게는 중형 용기가 제공됐다. 두 통 모두 사이즈가 크고 팝콘의 맛이 엉망이었기 때문에 사람들은 그것을 다 먹지 못할 것이었다. 이 실험의 목적은 단순했다. '어느 쪽이 더 많이 먹을까?' 영화가 끝나고 팝콘 용기가 회수됐다. 결과를 보니 대형 용기를 받은 사람들이 중형을 받은 사람보다 53퍼센트를 더 많이 먹은 것으로 나타났다. 여러 차례의 동일한 실험에서 결과는 늘 비슷했다. 이 실험을 고안한 코넬대학의 브라이언 원싱크는 이렇게 결론지었다. '팝콘이 맛있어서 참가자들의 손이 간 것은 아니다. 또한 자기 몫을 다 먹어야 한다는 의무감이 있었던 것도 아니다. 그저 큰 그릇을 주니 많이 먹었다.'[3] 많이 먹은 사람이 원래 먹보여서 그랬을까? 그것도 아니다. 실험이 끝나고 참여자들에게 연구의 취지와 결과를 알려주자 관객의 대다수는 어이없다는 듯 이렇게 말했다고 한다. "저는 그런 거에 속는 사람이 아닙니다."[4] 그런데 속는다. 문제는 사람이 아니다. 상황 속에서 사람이 그렇게 반응할 뿐이다.

1970년대 스탠퍼드대학의 심리학자 리 로스가 발표한 인간의 뿌리 깊은 성향 '기본적 귀인 오류Fundamental attribution error'는 사람들이 보이는 행동의 원인을 찾을 때 그 사람의 됨됨이 탓으로 돌리는 것을 말한다. 사실은 그 사람이 처한 상황때문에 벌어진 것인데도 말이다. '그 사람은 원래 그래'는 틀린언급이다. 누군가가 가진 성격을 과대평가하고 외부 상황을 과소평가함으로써 우리는 사람을 잘못 평가하는 오류를 쉽게 범한다. 사람이 아니라 환경을 변화시키년 각 개인의 장점이 나타난다. 내가 속한 환경이 나에 대해 관용을 보이면서 나는 더 발전하고 그로 인해 조직은 더더욱 탄탄해진다. 앞서 언급한 사례처럼 최근 들어 환자의 입장이 우선되다보니 두개골을 여는 신경외과 수술에서 마취를 건 후 머리카락을 잘라내거나 여고생의 긴 머리카락을 땋게 된 것 같은 고무적인 변화가 일어나고 있다. 예전에는 그저 법칙처럼 수술 전날 머리를 삭발했다. 아무도 왜 그래야 하는지 묻지 않았다. 그때는 시키는 대로 했지만 지금은 사회 분위기가 큰 틀만 건드리지 않으면 개인의 자유를 인정해준다.

바로 앞 장에서 언급된 인턴 이야기로 돌아가보자. 첫 번째 사례에서 콧줄 삽입을 강요하지 않고 장정결제를 입으로 먹인 것은 주치의의 지시를 어긴 것이다. 두 번째 사례에서 수면 주사제를 MRI실로 들고 갔으면서도 환자에게 투여하지 않고 아이를 설득한 것 역시 지시를 어긴 것이고, 이는 상황을 지켜보고 있던 MRI 담당 기사에게 아이가 움직여서 실패할 수도 있다는 걱정거리를 던져준 것이나 마찬가지다. 세 번째 응급실 사례에서 보면 응급실 과장과 간호사의 진료 과정에 인턴 의사가 끼어든 상황이 됐다. 그들이 기분 나빠할 수도 있었다는 말이다. 하지만 팀의 능력이 뛰어나면 조직원 각자는 마음 놓고 행동할 수 있는 법이다. 이 인턴도 만일 엄격하고 복종을 강요하는 부서에 배치되어 일했다면 자신을 둘러싼 환경의 맥락을 읽고 자기 결정권을 발휘하지 않았을 것이다. 그랬다면 본인은 편했을지 모르나 환자가 고통을 겪는다. 그 팀, 그 병원의 분위기가 치료에 절대적인 역할을 할 수 있는 것이다.

지원이를 치료한 신경외과 팀의 이야기로 돌아가본다. 수술 후 마취에서 깨어나 지원이가 처음 한 행동은 무엇이었을까? 당연히 머리카락부터 만졌을 것이다. 지원이는 수술이 잘된 것보다 머리카락이 잘리지 않은 데 안도했을 것이고, 엄마는 치료진의 배려에 눈물을 흘렸을 것이다. 나중에 신경외과 교수가 내게 말하기를 지원이는 과정과 결과 모두 좋았다고 한다. 수술 중에 힘들었을지언정 켈리(겸자)를 전달하는 간호사도, 리트랙터(수술 시야를 넓히는 기구)를 당기는 전공의도 머리를 땋던 기억을 했을 것이며, 스스로 더 집중해 자신의 맡은 바 임무를 수행했을 것이다. 결과가 안 좋았을 리 없다. 환경, 즉 조직의 분위기는 이렇게 중요하다. 조직이 성숙하면 개인은 날개를 달 수 있다.

의사가 어려워하는 두 가지

1) 검사 결과가 정상이니 정상이다?

'질병이 아니었는데 잦은 복통으로 고생했다면 왜 그랬을까?' 3장의 제목이다. 3장에서 나는 신체화 증상에 대해 이야기했다. 실제로 신체화 증상을 비롯해 많은 증상은 병이 없음에도 나타날 수 있다. 메스껍고 더부룩한 소화기 증상, 기침과 같은 호흡기 증상, 두통과 같은 신경 증상, 근육이나 관절이 아픈 근골격계 증상들은 그 분야의 전문가를 찾아갈 수 있지만 자주 어지럽거나 가슴이 답답하면 어느 과를 가야 할지 난감하기도 하다. 병원에 가면 대중 치료부터 시작한다. 증상을 우선 치료한다는 의미다. 약을 처방하고 한두 주 지나 증상이 낫지 않으면 의사는 검사를 권유한다. 기본적으로 혈액 검사와 소변 검사, 엑스레이나 초음파 등이 있다. 그리고 분야별로 고유한 영역의 검사가 이어진다. 그런데 검사 결과가 모두 정상으로 나왔다면 원인을 모른다는 뜻으로, 의사는 병이 발견되지 않았다고 말한다. 검사 결과가 정상이니 정상이라는 말과 같다. 결코 틀린 말은 아니다. 하지만 나는 여전히 아프다. 성인인 내가 환자라면 조금 더 지켜보는 데 동의하겠지만 자식이 아파서 병원에 갔는데 병이 없다는 말을 들으면 상황은 달라진다. 갑자기 불안해지기 마련이다. 혹시 의사가 놓친 게 있지 않을까? 분명히 아이는 아파서 데굴데굴 구르는데 병이 없다니 오진일 수도 있다는 생각에 화가 나거나 두렵기도 하다. 곧 다른 병원을 찾는다. 병원 쇼핑은 이렇게 시작된다.

의사 입장에서 생각해보자. 일차 의료기관에서는 정확한 병명을 찾지 못할 때 원인을 잘 모르겠다는 표현을 한다. 일반적인 검사가 가능한 이차 병원급에서는 정밀 검사가 필요하다며 대

형 병원으로의 의뢰서를 써준다. 가장 상위인 삼차 의료기관에
서는 정밀 검사 결과마저 정상으로 나오면 있는 그대로 말한다.
"검사 결과가 정상입니다." 그런데 정말 훌륭한 의사는 검사 결
과가 정상이어서 정상이라고 말하지 않는다. 비록 정상으로 나
왔어도 환자의 증상이 어떻게 유발되고 진행되는지를 설명해줄
수 있는 의사가 진정한 의사다. 그러려면 환자뿐만 아니라 그 가
족과 주변 환경의 이야기에 귀를 기울여야 한다. 가족과의 면담
도 필요하다. 왜 정상인지 환자에게만이 아니라 가족에게도 설
명해야 한다. 환자와 가족이 증상의 원인을 납득해야 막연한 두
려움이 사라지는 것이다. 기껏해야 5분이 허용되는 우리나라 진
료 현실에서 지금은 상상하기 어려운 일이겠지만 휴머니즘 의
료는 여기서부터 시작된다.

증상이 있지만 검사 결과가 정상으로 판명될 때의 상황과 반
대의 경우도 존재한다. 분명히 병은 없는 것 같은데 검사에 무언
가가 나타났을 때 의사는 그것이 상관없는 소견임을 자신 있게
이야기하지 못한다. 앞부분에서 기능성 복통인데 복부 엑스레이
를 찍었더니 변이 여러 군데 보인다는 이유로 변비 진단이 내려
지는 상황을 얘기했다. 같은 맥락으로 혈액 검사 등 기본적인 검
사에서 정상 범위를 벗어난 결과값이 나왔을 때 환자가 호소하
는 증상에 무리하게 연결시키다보면 정말 정상인이 환자가 되
어버리기 십상이다.

최근 열 살 초등학생의 엄마가 상담을 위해 내원했다. 그 아이는 수년간 어지러움과 복통을 호소해서 이미 우리 병원에서 검사했는데 정상임이 확인됐다. 그 후 엄마와 아이와의 면담을 통해 예민하게 키워진 아이가 과거 아팠던 기억에서 벗어나지 못하고 걱정하거나 미리 대비하면서 보이는 기능성 장애라는 것을 알려주었다. 하지만 아이가 여전히 증상을 호소하자 엄마는 다른 병원을 찾았고 그곳에 가서 겪은 이야기를 다시 와서 해주는 것이었다. 엄마의 기억에 우리 병원에서는 채혈할 때 한두 통을 뽑았던 것 같은데 그 병원에서는 여덟 통을 뽑았다고 했다. 그리고 그중 어떤 항체 검사에서 양성이 나왔는데 크론병에서 보이는 것과 동일하니 입원해서 소장을 MRI로 검사하고 대장 내시경도 같이 하겠다고 했단다. 그러자 이건 아닌 듯해 나에게 다시 찾아왔다고 했다. 과거 검사를 찾아보니 혈액과 대변의 염증 반응이 전혀 없어서 크론병은 아닌 게 확실했다. 물론 시간이 흘러 병이 새로 발생할 수는 있지만 그 병원의 검사에서도 염증은 나오지 않았는데 항체 검사 하나가 양성이라는 이유로 만성 염증성 장 질환인 크론병을 의심한다는 소견에 나는 고개를 저었다. 그 항체는 정상인에게서도 위양성으로 꽤 나오는 검사여서 아이가 나쁜 병에 걸린 게 아닐 확률이 높았는데 이렇게 의사가 전체 상황을 보지 못하고 눈앞의 숫자에만 반응함으로써 오진 아닌 오진을 하게 되는 것이 몹시 답답했다. 나라면 검사 결과가 양성으로 나왔어도 크론병은 아닐 거라고 답을 주었을 것이다. 지금은 정상이어도 미래에 크론병이 될 수도 있지 않냐고 물어온다면 나도 할 말은 없다. 하지만 내일 무슨 일이 생길까봐 두려워 오늘 할 일을 못 하지는 않는다. 크론병은 예방이 가능한 병이 아니기 때문에 병이 생겨야 치료를 시작하게 된다. 미래의 잠재적 가능성만으로 오늘 이 순간 진단을 내리면 안 된다는 뜻이다. 환자를 만나 증상을 듣고 검사를 하고 진단과 치료를 해야 하는 의사도 두려움 앞에서는 꼼짝 못 한다. 그래서 잘못된 진단과 잘못된 처방에 대한 두려움은 의사로 하여금 자연스럽게 의사 자신을 보호하려는 방향으로 설명하게 되어 있다. 검사 결과가 비정상이어도 정상이라고 얘기할 수 있어야 진정한 의사인데 그게 참 어렵다.

전문가인 의사가 아파하는 환자를 두고 가만있을 수는 없기에 검사든 약 처방이든 하게 되는데 이것이 과하면 행동편향의 오류에 빠지고 잘못하면 환자에게 피해를 입힌다. 증상을 호소하는 환자 앞에서 의사는 결국 검사에 의존해서 객관적인 증거를 환자에게 알려줄 의무가 있고 그에 따라 치료한다. 1 더하기 1이 2가 나오지 않는 의료에서는 검사 결과가 질병과 상관없을 수 있기 때문에 검사 결과를 어떻게 해석하는가에 따라 의사의 역량이 차이 난다. 솔직히 말해서 검사 결과가 정상일 때든 혹은 비정상일 때든 환자에 대한 확신이 없다면 의사는 설명해주는 것을 어려워할 수밖에 없다.

2) 30퍼센트 실패 대 70퍼센트 성공

잘 아는 선배 의사가 내게 전해준 생후 한 달 된 외손자의 동네 소아청소년과 의원 방문기를 이야기해보겠다. 선배의 딸, 즉 아이 엄마가 아이의 예방접종을 위해 그 지역에서 유명하다는 소아청소년과에 예약을 했다. 그 병원은 어찌나 잘되는지 아침에 예약을 시작하고 5분여가 지나면 하루 예약이 다 찰 정도였다고 한다. 그 유명세에 믿음을 가지고 엄마는 아이와 시간에 맞춰 병원을 찾았다. 잘 먹고 잘 크던 아이라 아무 걱정 없이 접종만 하러 갔는데 엄마는 그날 낭패를 보게 됐다. 아이를 진찰하던 의사가 아이에게 지루성 피부염이 있고, 등 쪽에 엉덩이 위로 피부가 쏙 들어간 딤플이 있어 여러 기형과 관련될 수도 있다고 엄마에게 말한 것이다. 처음 들어보는 두 가지 소견에 엄마는 아연실색했다. 아이가 정상이 아니라는 뜻으로 받아들인 엄마는 어쩔 줄 몰라 했고 집에 돌아오자마자 의사인 자신의 아빠에게 바로 전화했다. 아이의 할아버지는 황당했다. 갓 태어난 아이에게서 자주 보이는 지루성 피부염은 큰 문제가 아닐 것 같았고 등 뒤의 딤플이 대부분은 정상이라는 사실을 잘 알고 있었기에 딸의 전화에 부아가 치밀었다. 사실 그랬다. 신생아가 보이는 지루성 피부염은 시간이 흐르면서 대부분 사라진다. 엉덩이 위의 피부 함몰도 다른 기형과 연결되려면 그 자체가 희귀 질환이다. 기형을 동반하는 것은 매우 낮은 확률이라는 의미다. 의사가 의대 시절에 배웠던 가장 말단의 지식을 덜렁 일반인에게 알려주었으니 듣는 이는 전문 지식이 없기 때문에 확률 문제를 떠나 자기 아이 문제처럼 다가온다. 물론 그 의사의 입장도 이해는 간다. 성심껏 신체 진찰을 하는 와중에 보이는 소견을 친절하게 엄마에게 알려준 것뿐이다. 하지만 아마 엄마는 다른 이야기들은 전혀 기억에 남지 않고 미래의 잠재적 손해 가능성만 머릿속에 남아 불안해졌을 것 같다. 의사인 아버지는 걱정하는 딸에게 자세한 설명을 곁들이며 안심시켰다. 그러고는 그 병원에 환자가 많은 이유를 나름대로 분석해서 이렇게 설명했다. "전문 지식이 없는 환자에게 의사가 겁을 주면 환자는 오히려 더 따르지. 그래서 환자가 바글바글한 것이라고 봐." 실제로 '권위편향'이라는 것이 있다. 권위 있는 사람이 언급했다는 이유만으로 그 내용을 사실로 받아들이는 편향성을 말한다. 나 자신보다 지식과 경력이 훨씬 더 뛰어난 전문가가 주장하는 것을 내가 거부하기는 어렵다. 의사의 의학 지식 설명 앞에서 반박할 일반인은 거의 없다는 말과 같다. 전문 지식 앞에서 꼼짝할 수 없으니 시키는 대로 따르게 되고 권위는 더 높게 보이는 상황이라고 그 병원의 북적대는 이유를 설명한 선배 의사의 말에 나도 일부는 수긍했다. 하지만 내 생각은 조금 달랐다. 그 소아청소년과 의사가 엄마에게

겁주려고 그렇게 얘기하지는 않았을 것 같았다. 아이를 진찰하다가 발견한 사실을 필터링하지 않은 채 엄마에게 전달했을 가능성이 높았다. 즉 일반 사람의 입장을 고려하지 않고 의사 자신의 이야기만 했다는 말이다. 그렇다면 왜 그렇게 말했을까? 아마 자신을 방어하려는 목적이 컸다고 본다. 신생아를 진찰하면서 신체 곳곳의 이상 여부를 점검하는 것은 소아청소년과 의사의 기본이다. 의사가 보기에 정상에서 벗어난 징후가 발견되면 의사는 기록을 해야 하고 검사를 할지 관찰만 할지 다음 단계를 결정한다. 이 과정에서 환자와 보호자에게 설명할 때 의학 지식이 동원되는 것은 당연하다. 여기에 의사의 성향이 나타난다. 의사 자신이 우선인지 환자를 먼저 생각하는지의 미묘한 차이가 무의식으로 드러나는 것이다.

예를 들어보자. 수술을 해야 하는 상황이고 수술 후 70퍼센트는 성공, 30퍼센트는 실패라는 데이터를 의사가 가지고 있다고 가정할 때 의사는 환자에게 어떻게 설명해야 할까? 물론 있는 그대로 설명해야 한다. 그런데 듣는 환자 입장에서는 70과 30 중 어느 쪽을 더 강조하느냐에 따라 여운이 다르게 남는다. 성공 가능성을 주로 들으면 환자는 이 의사가 자신 있어 한다는 느낌을 갖게 되고, 실패 가능성이 강조되면 환자는 70퍼센트의 성공 가능성이 있어도 머뭇거릴 수밖에 없다. 30퍼센트로 확률이 적더라도 실패 가능성을 먼저 내세우는 의사는 수술 후 합병증이

나 후유증을 미리 설명해 자기 책임 문제에 명확히 선을 그으려는 속마음을 드러내는 것이리라. 특히 요즘같이 의사의 진료에 대한 책임 문제를 팍팍하게 따지는 시대에는 의사가 스스로를 보호하려는 경향이 더 증가하는 추세다. 그래서 70퍼센트 성공과 30퍼센트 실패는 같은 의미지만 의사들이 설명하기 어려워하는 부분이 된다.

70 대 30을 놓고 나더러 설명해보라고 하면 나는 70퍼센트의 성공을 강조할 것 같다. 어차피 치료해야 하고 확률적으로 환자가 호전될 가능성이 훨씬 더 높다면 희망을 강조하는 편이 낫다. 환자에게 두려움을 갖게 해봐야 그것은 결국 내게 돌아오는 법이기 때문이다. 책임질 일이 생기면 그때 가서 책임지는 것이 낫지 미래의 책임 가능성을 놓고 지금부터 두려움을 피하려고 수선을 피워도 어차피 피하지 못한다. 당연히 환자도 희망을 가지고 치료에 임하는 것이 본인의 건강 관리에 크게 도움이 된다. 자신의 나쁜 기억이나 주변 환경의 압박 때문에 생긴 기능성 복통 아이가 외래에 왔을 때 나는 늘 이렇게 얘기하며 끝낸다. "배가 다시 아플까봐 걱정되지? 매번 그렇게만 생각하면 그건 '절망'이야. 정말 아파지지. 그런데 사실 시간이 지나가면 아픈 게 사라지잖니? 바로 그거야. 조금만 참으면 배가 도로 안 아파지는 거 경험해봤잖아. 배 아픈 게 곧 사라진다는 걸 믿어봐. 그건 '희망'이야. 절망 안에서 살래 아니면 희망을 품고 살래?"

환자는 희망을 주는 의사에게 간다.

환자다움과 의사다움

1) 그레이 페이션츠

작은 마트에 손님이 들어왔다. 찾는 물건이 안 보여서 그런지 그 손님이 마트 안을 여러 바퀴 돌았다. 결국 찾지 못하자 손님은 주인에게 다가갔다. 그러고는 이렇게 따졌다. "당신이 주인이야? 내가 찾는 물건이 없잖아. 미리 갖다놨어야지 이래도 되는 거야?"

자, 이 글을 읽는 독자들은 위의 상황을 어떻게 생각하는가? 장담하건대 말도 안 된다는 표정을 지을 것이 분명하다. 그럼 다음 상황도 살펴보자.

작은 마트에 손님이 들어왔다. 찾는 물건이 안 보여서 그런지 그 손님이 마트 안을 여러 바퀴 돌았다. 결국 찾지 못하는 걸 본 주인이 손님에게 다가갔다. 그러고는 이렇게 따졌다. "당신이 손님이야? 찾는 물건이 없으면 한 바퀴만 돌고 나가면 되잖아. 여러 바퀴 가게를 돌고 이래도 되는 거야?"

더 황당해졌다. 개그 프로그램의 소재로도 올릴 수 없는 기가 막힌 상황들이다. 맞다. 이 두 가지는 현실에서 벌어질 수 없는 상황인데 내가 그냥 만들어봤다. 가게에 손님이 들어가서 사려고 했던 물건이 없다는 이유로 주인에게 화를 내지는 않는다. 주인도 손님이 이곳저곳 뒤지며 물건을 찾아보는 것에 대해 화를 내지는 않는다. 손님도 주인도 모두 그 상황에서 자기 역할이 무엇인지를 잘 알고 있다. 그것이 '손님다움'이고 '주인다움'이다. 매뉴얼에 적혀 있지 않아도 누구나 알고 있는 보편적 규범 같은 것이다.

상호작용이 이루어지는 우리 사회 곳곳에 각 주체의 '~다움'이 있다. '부모다움'과 '자식다움', '교수다움'과 '제자다움', '기사다움'과 '승객다움', 정말 수도 없이 많은 각자의 역할을 우리는 잘 알고 실행하고 있다. 병원도 마찬가지다. 내 몸이 아파서 병원에 들어선 순간 나는 '환자다움'을 실천하고 있고 의료진의 '의사다움' 또한 바로 느낀다. 많은 이가 착각하고 있는데 병원에서 의사와 환자의 관계를 갑과 을의 관계로 보면 안 된다. 환자다움이 의사와의 차별을 의미하는 것은 결코 아니다. 자식이 부모에게 종속되지 않고 제자가 교수에게 복종해야 하는 갑을 관계가 아닌 것과 마찬가지다. 소아청소년과 의사인 나 자신도 동료인 내과 의사에게 내 건강 문제를 상담할 때면 갑자기 비전문가 입장으로 돌변해서 걱정 가득한 단어를 나열하며 '환자다움'을 보이게 된다. 대부분의 환자는 그렇게 환자답게 행동한다. 하지만 어느 조직에나 소수의 양보하지 않는 사람들이 있어 대다수의 눈살을 찌푸리게 만드는데 병원도 예외는 아니다.

'블랙 페이션츠Black patients'라는 단어가 있다.[5] 다들 눈치챘 겠지만 '블랙 컨슈머Black consumer'에서 따온 말이다. 블랙 페이션츠는 인과관계가 불명확하기 쉬운 의료 분쟁의 특성을 이용해 악성 민원을 제기하며 정당한 조정 과정을 통하지 않고 병원 업무를 방해하면서 협박하고 자신의 이득을 취하려는 사람들을 일컫는다. 생산과 소비가 이루어지는 모든 분야에 블랙 컨슈머가 존재하는데 이들은 '손님다움'으로 설명할 수 있는 범주를 한참 벗어나 있다. 이 중 하나인 블랙 페이션츠는 이 책에서 다루기엔 너무 말단으로 가 있고 누구나 알고 있기 때문에 언급하지 않도록 하겠다. 여기서는 '환자다움'에서 약간씩 그리고 반복적으로 벗어나 상대방의 눈살을 심하게 찌푸리게 하는 사람들의 이야기를 해보고자 한다. 지적받지 않으면 겉으로 잘 드러나지 않는 특징이 있어 나는 이들을 '그레이 페이션츠Grey patients'라고 부르겠다.

야간 응급실이 소란스러워졌다. 나이가 지긋한 남자가 배가 심하게 아프니 빨리 치료해달라며 고래고래 소리를 지르고 있었다. 아주 응급한 상황으로 보이지 않았기에 간호사가 다가가서 천천히 어떻게 아파서 왔는가를 물어보려 하자 그 남자는 갑자기 간호사에게 폭언을 퍼부었다. "당신이 뭘 알아?" 이 광경을 지켜보던 응급실 인턴이 그에게 갔다. 여자 인턴이었고 야간에 응급실에 근무하는 직원들이 대부분 수술복을 입고 있어서인지 그 남자는 인턴도 간호사로 착각한 듯했다. 똑같이 행패를 부리자 인턴이 강한 어조로 말했다. "저 의사예요." 그러자 그 남자가 갑자기 고분고분해지는 것이었다. 기가 차고 화가 치민 인턴이 따끔하게 한마디했다. "환자분을 치료해주려는 건데 의사든 간호사든 뭐가 문제예요?" 문제는 그 남자였다. 병원에서 자주 마주치는 꼴불견 환자다. 이런 환자의 심리는 대개 자신이 차별당할까봐 예민하게 반응하는 것인데, 세상을 늘 비교하면서 살기 때문에 오히려 남들을 더 차별하기 쉽다. 전작 『통찰지능』에서 다루었듯이 '못된 것'이 아니라 '못난 것'이다. 상대방에 대한 존중은 온데간데없다. 응급실에서 행패를 부린 환자가 훌륭한 치료를 받았을 리 없다. 그것조차 예상을 못 하고 자기 말만 했으니 이제 그레이 페이션츠가 어떤 부류의 사람들인지 알 것이다. 의료진이 참고 가만히 있으면 이들은 드러나지 않는다.

의료진이 경험하는 그레이 페이션츠는 크게 세 부류로 나뉜다. 첫 번째는 자기중심적이고 이기적인 사고를 하면서 자기 손해에 매우 예민한 사람들인데 병원에서 흔히 만날 수 있다. 어느 해 봄, 고등학교 3학년 학생이 엄마와 함께 일반 외래에 와서 간기능 검사를 요청했다. 외부 검사에서 황달 수치가 미세하게 높게 나와 정밀 검사를 한 것이다. 결과를 보니 특별한 병은 아니었고 굳이 병명을 붙이자면 길버트 증후군 가능성이 있었다. 이

병은 살짝 높은 황달 수치 말고는 살아가는 데 전혀 이상이 없는 병 아닌 병이라서 걱정을 안 해도 된다. 진료를 본 젊은 의사는 루틴대로 6개월 후에 추적 검사를 하자고 했고 6개월이 지나 학생의 혈액 검사 결과 비슷한 황달 수치가 나왔다. 학생과 가족의 요청으로 진료 차트가 복사됐고 며칠 후 학생이 다시 병원에 와서 병무용 진단서를 발급받겠다고 했다. 의사는 있는 그대로 진단서에 기록해 학생에게 주었다. 그리고 얼마 지나지 않아 학생과 아빠가 네 번째로 병원을 방문했는데 이번에는 모 교수의 외래로 왔다. 진료실 문이 열리며 학생과 아빠가 들어오자 교수는 친절하게 인사했다. "안녕하세요. 저에게는 학생이 처음 왔는데 무슨 일로 오셨나요?" 그러자 아빠가 다짜고짜 화를 내며 말했다. "아니 이 병원 왜 이래요? 네 번째나 오는데 하는 일이 맨날 똑같고 말이지." 갑작스러운 공격적인 언사에 어안이 벙벙해진 교수가 분위기를 가라앉히며 내용을 들어보니 아이를 특별한 대학에 보내고 싶은데 진단서에 결격 사유가 들어가서는 안된다는 얘기였다. 교수가 빠르게 그동안의 진료 기록을 다 훑었는데 어디에도 대학 진학 관련 이야기는 없었다. 그 가족의 마음을 남들은 알 길이 없다. 의료진 입장에서 보면 서류에 굳이 길버트 증후군이라고 쓰지 않아도 된다. 학생에게 질병이 있다고 보기 어려웠기 때문에 정상이라고 써도 됐다. 하지만 그런 요청을 받은 적이 없기에 의사는 있는 그대로 기록해서 줬는데 자신들의 마음에 맞지 않는다고 화를 낸 것이다. 상황을 파악한 교수가 진단서를 다시 써주면서 그냥 넘어가서는 안 되겠다는 생각이 들어 따끔하게 한마디 했다. "그런데 왜 처음 만나는 저를 보자마자 화를 내셨던 거죠?" 자기중심적인 사고가 지나치면 결국 남의 입장을 전혀 고려하지 않기 때문에 좌충우돌하기 마련이다. 자기가 정해놓은 답대로 되지 않으면 화를 내게 되는 이들은 세상이 자신을 중심으로 돌아야 하니 타인에 대한 배려는 눈곱만큼도 없다. 자기만 아는 이런 성향은 병원에 국한해서 볼 때 사실 지나치게 걱정이 많은 사람들에게서 흔히 나타난다. 미래의 손실 가능성에 집착해 걱정이 많아지며 이를 보상하기 위해 자기중심적 사고를 하는 것으로 생각된다. 자신만 걱정하면 될 텐데 타인에게 피해를 입히면서도 자기만 생각하니 이기적이라는 말이 더 맞다. 이런 사람들은 자신을 도와주려는 의료진에게 마음의 상처를 안긴다. 그런데 상처를 준 걸 모르는 게 더 큰 문제다.

두 번째 부류는 병원을 이용해서 이득을 취하려는 사람들이다. 의료 행위가 목적이 되지 않고 도구로 이용되는 것이다. 조금 심하다고 생각될 만한 예를 하나 들겠다. 배가 아프고 잘 먹지 못해 살이 빠진다는 고등학생이 원인 감별을 위해 입원했다. 그동안 여러 대학병원을 전전하며 상기간의 입원 치료를 받았는데 전혀 호전이 없었다고 했다. 내시경을 포함한 모든 정밀 검사에서 정상으로 나오자 불안한 심리에서 유발된 기능성 장애로 판단하고 충분한 설명을 한 뒤 퇴원을 지시했다. 그런데 보호자인 엄마가 퇴원을 거부했다. 아이가 아직 기운을 못 차리고 있으니 영양제를 더 맞고 가고 싶다는 말에 요청을 거절하기 어려워서 일단 며칠간 더 데리고 있었는데 환자를 보는 전공의와 간호사가 전하는 말이 조금 이상했다. 병원 안에서 돌아다니는 환자의 모습이 전혀 아파 보이지 않는다는 것이었다. 그래서 담당 교수는 다시 퇴원 지시를 내렸다. 퇴원 당일 의료진이 회진을 도는데 엄마가 다급하게 말했다. "아이가 아침에 혈변을 봤어요." 최근의 대장 내시경 검사에서도 정상이었기에 이상하다고 생각했지만 하는 수 없이 퇴원을 취소했다. 바로 응급 내시경 검사를 시행했고 역시 정상 소견이 나왔다. 결과를 설명해도 엄마는 아이에게 병이 있을 거라며 계속 퇴원을 거부했다. 그다음 날 아침 엄마가 병동 간호사실로 나와 아이가 또 혈변을 봤다며 화장실에 와서 확인해보라고 말했다. 간호사가 가보니 실제로 변기 안이 피로 물들어 있었다. 그때 그 간호사의 눈에 띈 것이 하나 있었다. 수액이 들어가는 라인은 중간에 위치한 커넥터를 중심으로 둘로 나뉘는데 아이 쪽 라인에서 피가 많이 역류되어 라인 안에 고여 있는 걸 본 것이다. 아이에게는 펌프 기계로 영양제를 투입하고 있었기 때문에 아이 정맥에서 피가 역류되기는 어려웠다. 곧 CCTV가 모든 사실을 밝혀주었다. 병실 안 화장실에 들어갔다 나온 환자가 커넥터로부터 분리된 라인을 도로 연결하고 손질하는 모습이 찍힌 것이다. 화장실 안에서 사람 쪽 라인을 분리시킨 뒤 역류되는 피를 변기에 쏟고 나왔다는 이야기다. 결국 엄마와 아이 모두 거짓말을 하며 무슨 이유인지는 모르겠지만 자신들의 이득을 위해 이 병원 저 병원에 입원하며 지낸 것으로 판명됐다. 보험금을 더 타내기 위해 경미한 교통사고에도 병원에 오래 입원해 있는 이들과 유사한 사례로 보였다. 앞서 언급했던 '대리인에 의한 뮌하우젠 증후군' 엄마를 기억할 것이다. 정상인 아이를 장출혈이라며 진단서를 써달라고 우겼던 그 상황도 마찬가지다. 이런 사례 말고도 병원을 도구로 이용하는 사람은 부지기수다. 매일같이 환자를 보고 치료를 해야 하는 의사들은 의료 행위가 도구로 이용되는 상황이 닥쳤을 때 아주 쉽게 알아챌 수 있다. 이 부류의 사람들만 그 사실을 모를 뿐이다.

세 번째 부류는 진료 결과에 불만족했을 경우 자신이 비용을 지불했는데 왜 서비스가 이 정도밖에 되지 않냐며 항의하는 사람들이다. 의료 행위를 자판기에 비용을 집어넣고 물건을 받는 상행위와 동일시하며, 그들 나름의 비용 대비 효율성을 따지는 것이다. 물론 항의할 수 있다. 하지만 의료는 생명을 다루는 일이고 의사는 현대 의학 기술의 범위 안에서 인간이 할 수 있는 한계까지만 진단하고 치료한다. 해피엔딩으로 이루어지길 모두가 바라더라도 1 더하기 1이 2가 되지 않는 의료에서는 완벽하게 만족하기 어렵다. 그래서 타협이 필요한데 의사가 타당한 설명을 아무리 자세히 했어도 결과만 따지고 1 더하기 1은 무조건 2가 되어야 한다고 생각하는 환자는 타협을 거부한다. 소장에 위치한 일부 혈관의 선천성 장애를 가지고 태어난 아이가 있었다. 살아가는 데 시상은 없지만 혈관을 통해 새는 영양분으로 인해 몸에 지장을 줄 수 있어 기형 혈관을 제거하는 것이 근본적인 치료가 된다. 하지만 소장이 워낙 길고 기형 혈관의 범위를 정확히 찾아내기가 어려워 이 혈관 기형은 현대 의학에서 아직 완전한 치료를 하지 못하고 있는 병이기도 하다. 아이와 가족은 이미 그 사실을 어려서부터 알고 있었던 터라 대증 요법만으로 대처해오고 있었는데 아이가 사춘기를 지나며 불편감을 자주 나타내자 수소문 끝에 우리 병원에 입원하게 됐다. 아이의 엄마는 여러 정보를 보고 온 듯했다. 그러나 기형 혈관 제거가 근본 치료라는 말에만 꽂혀 무작정 제거해달라고 했다. 해부학 같은 의학 지식을 알려주며 실패할 수 있다고 설명했지만 막무가내였다. 엄마는 어떤 집단을 이끄는 직업도 가지고 있었다. 겉으로 봐서는 의료진이 하는 이야기를 충분히 받아들일 만한 사람이었는데 자식 문제여서 그랬는지 도무지 설득되지 않았다. 우리는 일단 치료를 진행하기로 결정하고 검사를 시작했다. 혈관을 직접 조영하기 위한 검사 전에 일반적인 상태를 파악하기 위한 다른 영상 검사를 시행한 날 저녁 엄마가 크게 화를 냈다. 자신이 원한 검사를 하지 않고 다른 검사를 했다는 게 이유였다. 다시 설명하기 위해 전임의가 입원실에 들어갔다. 그리고 들은 첫 마디는 육두문자였다. 그리고는 자신이 원하는 검사만 하면 되지 왜 쓸데없는 검사를 더 해서 돈을 낭비하게 만드냐며 전임의에게 쏘아댔다. 난생처음 당하는 봉변에 전임의는 할 말을 잃었다. 다음 날 환자를 담당하고 있던 동료 교수가 엄마를 찾아가 항의했고 냉정하게 후속 검사를 진행하겠다고 통보했다. 검사 후 시술이 진행됐다. 여러 차례에 걸쳐 시술이 필요할 수도 있다고 알리고 첫 번째 시술을 했는데 결과가 매우 좋았다. 증상이 모두 사라진 것이다. 퇴원 후 첫 외래 방문 날 아이의 정상적인 혈액 검사 결과와 사라진 증상을 확인한 담당 교수는 첫 시술에서 일단 성공한 것으로 보인다고 아이와 엄마에게 말해주었지만 곧 약간의 이상함을 느꼈다. 다른 환자 같으면 이런 상황에서 엄마가 기뻐해야 하는데 그렇지 않았던 것이다. 엄마는 담담한 표정을 짓고 있었다. "기쁘지 않으세요?" 교수의 질문에 엄마는 무표정하게 단답형으로 말했다. "기뻐요." 이 부류 사람들의 다음 행동을 의료진은 예상할 수 있다. 한 달 후 외래 예약을 해주었는데 역시 환자는 오지 않았다. 아마 증상이 없어서 그랬을 듯싶었다. 하지만 겉으로 보이는 증상만으로 환자를 파악하면 안 된다. 혈액 검사 등 객관적인 증거까지 보면서 추적 관찰을 해야 하는데 이것마저 엄마에 의해 거부된 것이다. 엄마가 판단하기에는 시간도 아깝고 돈도 아까웠을 것 같다. 세상을 자신이 필요할 때 돈을 내고 살 수 있는 자판기 관점에서 바라보는 사람들 때문에 신뢰가 핵심이 되어야 하는 의료에서 상호 존중은 기대할 수조차 없다.

지금까지 세 부류의 그레이 페이션츠를 설명했다. 지나치게 자기중심적이어서 자신의 손익 계산에만 급급한 환자, 진료 행위를 도구 삼아 이득을 보려는 환자, 그리고 의료를 자판기처럼 생각해서 비용 대비 효율성으로만 따지는 환자. 이 세 부류의 사람들은 끊임없이 타인에게 손해를 끼치고 있는데도 자신들은 그 사실을 모른다. 당연히 의료뿐만 아니라 사회 각 분야에 존재하는 환영받지 못하는 사람들이다. 그들은 물론 스스로 알면서 모른 척할 수도 있다. 그게 심하면, 즉 고의성을 가지고 행동에 옮긴다면 범죄 행위로 이어질 가능성이 있다. 그레이 페이션츠는 '의료 낭비자'다. 의료 소비자가 아니다. 의료는 큰 개념에서 공적인 것이 되어야지 개인이 마음대로 쓰고 낭비하는 사적인 것이 되어서는 안 된다.

2) 그레이 닥터

그레이 페이션츠의 반대편에 그레이 닥터도 존재한다. 의료에 종사하지 않는 사람들과 비교해 희생과 봉사 같은 사회적 소명의식을 강하게 주입받았다고는 하지만 인간의 본성이 쉽게 변하지는 않는 탓에 자기중심적인 사고방식이 지나치게 앞서는 순간 그레이 페이션츠와 동일한 모습으로 나타난다. 물론 전문 지식으로 무장되어 있어 일반인들은 모르고 넘어갈 수도 있지만 올바르고 성실한 동료 의사들은 누구보다 먼저 알아차리게 된다. 그레이 닥터가 본인도 모르게 지속적으로 자기 본성을 드러내다보면 결국 환자도 알아차려 그 의사를 떠난다. 환자들이 보편적으로 원하는 의사상이 바로 '의사다움'인데 사실 '환자다움'과 비교해 훨씬 더 높은 수준의 실천이 요구된다. 하지만 진료의 특성상 판단 기준은 일반인들이 접근할 범위를 벗어나기 때문에 옳고 그름을 따지기는 어렵다. 다음의 사례를 보자.

샌프란시스코의 한 병원에 환자를 몹시 걱정하는 존경받는 종양학과 전문의가 있다. 그 병원에 전이성 암을 앓는 어느 나이 많은 환자가 있었는데, 그 종양학과 전문의는 정확한 진단을 내려 환자의 생명을 연장시키겠다는 생각에 척추천자(뇌척수액 채취)를 실시하기로 했다. "그 환자는 이제 예전처럼 정신이 맑지 못합니다. 뇌에 종기가 생겼거나 뇌막염에 걸렸을지도 모릅니다. 그건 치료할 수 있어요."

마침 당직 중이던 신경과 전문의 로버트 버튼은 고개를 갸웃했다. 치료 전망이 어두운 환자에게 극도로 고통스러운 척추천자를 실시하는 게 의아했기 때문이다. 그러나 종양학과 전문의는 아직 포기할 마음이 없었다. 버튼이 척추천자 장비를 가지고 환자에게 다가가자 환자의 가족이 막아서며 더는 환자를 괴롭히지 말라고 말했다. 너무 쇠약해져 말할 기운조차 없는 불치병 말기 환자는 척추천자를 거부한다는 뜻으로 간신히 고개만 끄덕었다. 버튼은 종양학과 전문의를 호출해 환자의 가족이 척추천자에 반대한다고 설명했다. 종양학과 전문의는 물러서지 않았다. 마지막에는 환자의 부인이 버튼의 팔에 매달려 종양학과 전문의의 척추천자 계획을 말려달라고 애원했다. "그건 우리가 원하는 게 아니에요."

종양학과 전문의는 여전히 환자를 구해내겠다는 결정을 굽히지 않았다. 그는 왜 척추천자를 꼭 해야 하는지 열심히 설명했고 환자와 가족은 끝내 항복하고 말았다. 버튼은 의사에게도 어렵고 환자에게는 대단히 고통스러운 척추천자를 시행했다. 환자는 엄청난 두통을 겪다가 의식불명에 빠졌고 사흘 후 암으로 사망했다. 종양학과 전문의는 자기 분야에서 매우 뛰어난 전문가였지만, 버튼은 그를 "자기가 '선한 행동'이라고 믿는 것을 무비판적으로 받아들이는 것의 위험성을 가르쳐준 사람"으로 기억한다고 했다. "환자에게 물어보고 귀 기울여 듣지 않으면 무엇이 선한 행동인지 제대로 알 수 없습니다."[6]

여러분은 종양학과 전문의를 어떻게 보는가? 결과가 나빴으니 잘못했다고 말하겠지만 만일 결과가 좋았다고 가정한다면 그때는 어떻게 생각할까? 어렵다. 그렇기 때문에 이번 장에서는 그레이 닥터라는 의미를 한 번의 사례로 판단하는 것이 아니라 자신의 성향을 감추지 못하고 반복적으로 환자와 동료 의료진에게 해를 끼치는 의사로 국한하기로 하겠다. 물론 실제로 범법 행위를 하는 의사는 제외한다. 의사도 인간이기에 그레이 페이션츠의 분류가 동일하게 적용된다. 지나치게 자기중심적이어서 자신의 손익 계산에만 급급한 의사, 진료 행위를 도구 삼아 이득을 보려는 의사, 그리고 의료를 자판기처럼 생각해서 비용 대비 효율성만으로 따지는 의사가 그들이다.

첫 번째 부류에 속하는 지나치게 자기중심적이고 이기적인 의사들은 이미 학창 시절부터 그 태도가 겉으로 드러나 동료들의 기분을 상하게 한다. '출튀'라는 은어가 있다. 강의 시간에 출석 체크를 해놓고 바로 강의실을 빠져나가 자기 일을 하는 것을 의미한다. 연배가 있는 의사들은 의과대학 시절에 여러 명이 한 친구에게 대리 출석을 부탁하고 학교 밖으로 나가 당구도 치고 카드 놀이도 하던 낭만적인 추억으로 '출튀'를 기억할지 모른다. 그 당시에는 밖으로 나간 동료들이 놀러 나간 것이기 때문에 남아서 강의를 듣던 학생들이 그다지 신경 쓰지 않았던 것 같다. 그런데 지문이나 카드로 출석을 체크하는 요즘은 다르다. 인터넷에 강의록이 파일로 이미 올라와 있기도 하고, 어느 교수의 강의는 들을 필요가 없다는 정보를 알고는 각자 출석 체크 후에 몰래 나가서 다른 공부를 한다. 학업량이 지나치게 많아 시간이 늘 부족한 의대 학생들에게 몇몇 동료의 이런 행동은 화를 돋우기 마련이다. 게다가 여러 명이 사라진 것을 알게 된 교수가 출석을 다시 부르면서 훈계를 시작하는데 긴 시간 이 말을 듣는 사람은 나간 학생이 아니라 남아 있던 성실한 학생들이라는 게 더 문제다. 수업을 듣기 싫었으면 결석하고 출석 점수 몇 점 깎이고 마는 것이 당연한데도 그 작은 손실에 예민한 이 학생들은 자신의 이득을 위해 타인에게 손해를 끼치는 것에 아랑곳하지 않는다. 이런 부류는 의사가 되어도 똑같은 손실 기피 행동을 반복한다. 앞부분에서 언급했지만 자신의 보호에만 신경 쓴 나머지 환자에게 설명할 때 겁부터 준다. 확률적으로 매우 낮은 부작용과 후유증을 강조해 미래에 있을지도 모르는 자신에 대한 비난 즉 손실을 예방하는 데 집중한다. 그러니 환자들은 더 불안해하고 다른 병원을 찾게 된다. 예를 들어 소아 환자가 오른쪽 아랫배가 아프다고 하면 이 의사는 처음부터 맹장염도 의심해야 한다고 말하는데, 듣는 환자와 보호자의 머리에는 맹장염만 남는다는 사실을 그는 모른다. 어린 소아의 만성 변비는 항문의 고통 때문에 생긴 기능성 장애인데 아이의 나쁜 기억을 지우려는 노력은 하지 않은 채 선천성 거대결장증을 의심해야 한다는 말부터 꺼내니 부모는 당황할 수밖에 없다. 전문적인 의학 지식을 들고나오니 '지식의 저주' 앞에서 환자와 보호자는 무너질 뿐이다.

두 번째 부류가 의학 지식과 전문 기술을 앞세워 환자를 꼼짝 달싹 못 하게 만드는 의사들이다. 의술은 베푸는 것임에도 이것을 도구 삼아 자신의 권위를 올리는 데 이용하기 때문에 권위자의 주장을 좇을 수밖에 없는 사람들이 피해를 보기 쉽다. 앞서 얘기한 여러 사례가 다 여기에 들어간다. 한 살도 안 된 입 짧은 아이의 안 먹는 원인을 설소대 때문이라고 오판해 전신 마취를 걸고 수술하는 경우도 그렇고, 예민한 아이의 잦은 소변을 방광염으로 오인해서 항생제를 쓰는 바람에 더 큰 부작용을 낳은 경우도 마찬가지다. 소위 권위 편향에 빠지지 않더라도 의료의 테두리 안에서는 의사를 믿어야 하는 상황이므로 어느 누구도 벗어나기 힘들다. 말 그대로 의사가 칼을 쥐고 있다. 의사의 진료가 과하다고 느낄 때 합리적인 의심이 들었다면 결국 더 나은 전문가를 찾는 방법만이 해결책이다. 그러다보니 의료 시장이 왜곡되어 1차 의료기관에서 해결할 수 있는 쉬운 질병들도 3차 의료기관에서 책임지는 상황이 오는 것이다. 대다수의 의사와 대다수의 일반인은 시스템 안에서 정상적인 진료를 보고 있다. 단지 소수의 의사가 의료 시장을 왜곡하는 시발점이 된다. 이런 사례가 언론에 보도되고 확대 생산되어 퍼지는 바람에 의료인에 대한 불신이 커지고 애꿎은 의사들이 의심받는 일도 많아진다.

세 번째로 비용 대비 효율성만 따지는 의사는 그렇지 않은 의료진에 비해 의료 사고를 낼 가능성이 높다. 효율성을 중시한다고 비판하는 것은 아니다. 기술이나 시스템 같은 무형 자산이나 유형 자산인 물건을 다룰 때 효율성을 따지는 것은 당연하다. 하지만 인명을 다루는 의료에서 경제적인 논리로 접근하는 것은 매우 위험한 일이 된다. 심하게 말하자면 의사가 돈을 벌기 위해 사람의 생명을 담보로 해서는 안 된다는 의미다. 의료 현장에서 투자한 만큼 돈을 번다는 개념이 통할 수는 있지만 그것은 하드웨어에 국한된다. 검사를 통해 진단하는 순간, 투약하거나 수술하는 순간 등 의료 행위의 매 순간은 목적이 되는 것이지 도구가 아니다. 의료계에서도 홍보는 한다. 요즘 같은 정보화 시대에 블로그나 유튜브 등을 통해 질병 관련 정보를 전달하는 것은 기본이다. 하지만 의사가 자신의 역량을 벗어나는 과잉 홍보를 해 환자를 유인하는 것은 옳지 못하다. 홍보를 비용으로 생각하고 환자 유입의 성과를 효율성으로 판단하는 의사들의 역량이 검증되지 않았을 때 홍보만 믿고 찾아온 환자들의 피해는 뻔히 예상된다. 예전에 읽었던 책의 내용 하나를 소개한다. 하버드 의대 출신으로 대학병원에 근무하는 젊고 유능한 외과 의사와 수술 실력은 떨어지지만 텍사스의 작은 도시에 개업해 있는 나이 든 외과 의사 중 누가 더 의료 소송에 걸릴 확률이 높을까? 답은 젊고 유능한 외과 의사다. 기대치가 높은 만큼 작은 실수에도 환자들은 소송을 걸게 된다. 텍사스의 나이 든 외과 의사가 실수하면 사람들은 그럴 수 있다고 생각하는 법이다. 실력이 있다는 것이 잘못 해석되면 리스크로 작동하기 때문에 실력은 휴머니즘 진료를 동반할 때 비로소 빛을 발휘한다. 그런 의사가 진정한 명의다.

그레이 페이션츠와 동일한 성향의 그레이 닥터를 구분해보았는데 그레이 닥터에는 네 번째 부류가 추가된다. 의학 지식으로만 환자를 보는 의사다. 의사가 의학 지식으로 환자를 봐야지 다른 방법이 있냐고 항변할 수도 있겠다. 내가 이 책에서 핵심 내용으로 다뤘던 부분이라 아마 이제는 모두 잘 이해하고 있을 것으로 믿는다. 의사 본인도 모르고 환자도 모르고, 사고가 나지 않으면 겉으로 결코 드러나지 않는 이 회색 지대는 사실상 가장 많은 부분을 차지할 거라 예상된다. 큰 그림 즉 본질을 보지 못하고 현재 드러난 증상 즉 현상만을 가지고 문제를 해결하는 인간의 한계성을 인정하지만, 그 피해 또한 겉으로 드러나지 않고 대부분이 참고 넘어가기 때문에 진정 안타깝다. 의사가 잘못을 저지른 것은 아니어서 그레이 닥터의 분류에 넣는 것이 합당하지 않을 수도 있겠지만 잘못된 결과 즉 환자의 피해로 나타나는 것이기 때문에 올바른 휴머니즘 의료의 계몽을 위해 분류한 것임을 이해하기 바란다. 반복해서 강조하지만 의사가 의학 지식만으로 환자를 보면 환자는 다친다.

[표 4] 그레이 페이션츠와 그레이 닥터

그레이 페이션츠	그레이 닥터
지나치게 자기중심적이어서 본인의 손익 계산에만 급급함	지나치게 자기중심적이어서 본인의 손익 계산에만 급급함
진료 행위를 도구 삼아 이득을 보려고 함	진료 행위를 도구 삼아 이득을 보려고 함
의료를 자판기처럼 여겨 비용 대비 효율성만 따짐	의료를 자판기처럼 여겨 비용 대비 효율성만 따짐
	의학 지식만으로 환자를 봄

에필로그

우리는 AI 병원이 아니라 사람의 병원을 원한다

인공지능AI 시대가 다가오는 게 아니라 우리가 조급하게 AI 시대를 부르고 있다. 다른 나라가 인공지능을 치고 나가고 모든 학문에 AI 기술이 접목되고 있다보니 뒤처지면 나만 손해 볼 것 같은 초조감을 부인하기는 어렵다. 의학에서의 인공지능 역시 세계적으로도 기술 경쟁이 심하고 유수의 병원들은 이미 최첨단 시스템을 도입해 진료에 활용하는 중이다. 나는 그렇게 생각하지 않지만, AI 기술이 발전할수록 의학 분야에 따라 의사가 필요 없는 시대가 온다는 예측도 많다. 그러나 의학의 인공지능 시대가 빠르게 오고 있다는 사실이 언제나 좋은 것만은 아니다. 데이터와 결과 그리고 증거를 중시하는 인공지능과 이를 이용하려는 인간의 아이디어는 확실한 질병의 진단에는 도움 되지만, 치료가 필요 없는 병이라거나 치료가 필요하더라도 상황 맥락을 보지 못할 경우 엉뚱한 방향으로 흐르게 된다. 의원병, 가족원병, 의가족원병이 그렇게 나타난다. 질병에 대한 진단과 치료는 워낙 환자와 의료진 사이에서 벌어지는 상호작용인데, 현대에 와서 서로 만족하지 못하는 부분에 대해 다툼이 벌어지고 이슈화가 되자 각자의 책임을 회피하려는 현상이 두드러졌고, 이는 앞으로 AI 병원 시대를 가속화하는 기폭제가 될 것이다. 잘못돼도 AI 탓으로 돌리는 게 유리하다고 판단할 것이기 때문이다. 하지만 인간미가 사라진 의료는 존재 가치가 없다. 사람을 다루는 학문에서 사람이 빠지면 무슨 의미가 있겠는가? 환자와 의료진 모두 AI가 환자를 보는 경험을 정말로 원할 것 같지는 않다. AI는 도구일 뿐 목적이 되어서는 안 된다. 그렇다면 인공지능 시대에 접어들면서 어떻게 휴머니즘 의료를 동반해갈 수 있을까? 나는 환자보다 의료진이 먼저 바뀌어야 한다고 생각한다. 그 시작은 의대에서의 의학 교육이다.

세계적으로 의료 시스템 과학Health Systems Science이라 불리는 새로운 물결이 의대 교육에 도입되는 추세다. 쉽게 말해 교과서를 통해 배우는 전문적인 의학 지식보다 의료인으로서 갖추어야 할 직업 전문성과 사회적 책무성, 그리고 의료 윤리와 법규 및 환자의 안전 등을 체계적으로 교육하는 것을 의미한다. 최근 미국 등에서 의대 교육에 활발하게 접목하고 있으며 의료와 사회를 통합적으로 이해하게 만드는 것이 목적이다. 국내에서도 2021년 12월 한국의학교육학회 주관으로 의료 시스템 과학의 첫 번째 공청회가 열렸다. 늦었지만 이제라도 지식 교육에서 벗어나 올바른 방향으로 가는 듯해 다행으로 생각한다. 그래도 우려되는 부분이 많다. 현재의 의학 교육 수준에서는 아마 이런 교육을 강의로 수행할 가능성이 높다. 학점을 따야 한다는 의미고 또 하나의 지식 교육의 전달로 끝날 것 같다. 뿐만 아니라 가르칠 교수진이 부족하다. 의료 시스템 과학에 대해 체계적으로 배워본 적이 없기 때문이다. 악순환이 예상되는데 그렇다고 멈출 수는 없다.

나는 오래전부터 의대 학생들에게 의료인문학을 가르치면서 학기별로 '인문과 나, 인문과 인간, 인문과 사회, 그리고 인문과 삶'의 순서로 강의와 실습을 하고 병원에서의 임상 실습 기간에 휴머니즘 의학의 실제를 외래에서 직접 보여주고 있다. 이것은 학점을 따는 것이 아니다. 의료 시스템 과학이 사회와 의료의 통합을 추구하고 있지만, 사회를 이해하는 것에 우선해 환자를 먼저 이해하는 과정을 학생들이 스스로 통찰로 느끼게 하는 것이 목표다. 내 외래에 들어와서 실습하는 의대생들은 지식을 가져가지 않는다. 심리학, 경제학, 철학 등이 어떻게 진료와 연결되는지 함께 환자를 보면서 직접 체험한다. 적은 수의 교수진이라도 휴머니즘 의료를 실천하고 교육하면서 영향력을 넓혀간다면 가까운 미래에는 우리나라에도 의료 시스템 과학이 자리를 잡을 것이다. 이 책에 소개했듯이 휴머니즘 의료는 가르치고 배우는 것이 아니라 깨우치는 통찰을 통해 만들어가야 한다.

다음으로 환자도 바뀌어야 한다. 가장 필요한 것은 찾아낸 정보로부터 신호와 잡음을 구분하는 능력이다. 미안한 얘기지만, 일반인이 만든 의료에 관한 웹 사이트의 정보 중에는 신호보다 잡음이 더 많다고 본다. 의학에서는 언제나 전체가 부분의 합보다 크기 때문에 부분적인 지식만 보여주는 웹 서핑은 질병을 가진 나 자신에게 도움은커녕 해를 끼칠 가능성이 짙다. 의료진은 증상이나 증후 같은 부분들을 합쳐서 전체를 보는 훈련을 오랜 기간 해온 반면 환자는 한두 증상만으로 자신의 질병과 관련 짓는 오류를 자주 범한다. 인터넷 건강 정보가 자칫하면 잡음이 될 수밖에 없는 이유다. 그래서 제대로 된 신호를 알아보고 싶다면 전문가를 찾아야 한다. 발품을 팔아야 하는 것이다. 한두 명의 전문가로 만족하지 못할 수도 있다. 그래도 나의 건강 문제이니 더 노력해야 한다. 전문가들의 의견 또한 서로 다를 수 있다. 하지만 잘 들어보면 공통된 내용이 나온다. 그것은 믿어도 좋다. 다음으로 의사의 입장보다 환자의 입장을 우선 고려해주는 전문가를 선택해보자. 이 책이 환자의 입장을 고려하는 의사를 어떻게 찾는지 그 방법을 알려주고 있지만 아직도 어렵다면 사례 하나를 더 들어보겠다.

갓 태어난 아이들은 대부분 모유나 분유 수유 후에 잘 올린다. 올린다는 의미는 구토와는 다르다. 의학 용어는 위식도 역류

현상인데, 위와 식도 사이에 괄약근이 있어 음식이 들어가면 괄약근이 조여져 원래는 위의 음식이 식도로 역류할 수가 없다. 아기들은 이 기능이 약해서 모유나 분유가 잘 역류한다. 겉으로 보면 아이가 구토하는 것처럼 나타나지만 구토와 역류의 가장 큰 차이는 구역감의 유무다. 즉 구토는 기분 나쁜 구역질이 선행되는 병적 증상이고, 아기의 역류는 구역감이 전혀 없는 마냥 행복한 올림이다. 그래서 아기들은 실컷 먹고 나서 갑자기 올리면서도 헤헤 웃는다. 많이 먹으면 많이 올린다. 그런데 하도 올리다 보니 걱정이 된 엄마가 인터넷을 뒤져보면 유문협착증을 의심하라고 나온다. 생후 한두 달경에 나타나는 이 병은 위장과 십이지장 사이에 위치한 좁은 유문 벽이 심하게 두꺼워져 음식이 아래로 내려가지 못하는 병이다. 이 경우는 질병이므로 아이가 구토를 하게 된다. 역류와 유문협착증의 가장 뚜렷한 차이는 체중의 증가 여부다. 잘 먹으면서 역류하는 아이는 소장으로도 음식이 충분히 내려가면서 과하게 먹은 양만큼만 올리는 것이라 체중이 잘 는다. 반면 유문협착증에서는 음식이 내려가지 못하는 것이므로 체중이 안 는다.

내 외래에 6개월이 안 된 아기들이 구토를 한다는 이유로 많이 찾아온다. 처음부터 나에게 온 경우도 있지만 대부분은 다른 병원을 거쳐서 의뢰된다. 그런데 그들의 한결같은 처방 중 하나는 제산제를 먹이라는 것이고, 또 다른 하나는 유문협착증이 의심되니 큰 병원에서 검사를 해보라는 것이다. 위식도 괄약근이 자주 열리는 아이에게 제산제를 쓴다고 역류를 막을 수는 없다. 그냥 의사 입장의 처방일 뿐이다. 아이가 아파 보이지 않고 체중도 잘 느는데 아주 적은 가능성으로 유문협착증이 염려되니 대학병원에 검사를 의뢰하는 것도 썩 동의할 수 없다. 아이가 크면서 괄약근이 성숙해지면 저절로 호전되므로 충분히 시간을 끌며 외래에서 관찰하면 된다고 부모에게 설명하는 것으로 충분하다. 부모가 걱정한다고 바로 큰 병원에 의뢰하는 것은 일말의 책임이라도 회피하려는 것으로 볼 수밖에 없다. 역시 의사의 입장이다. 나는 약도 안 주고 검사도 거의 안 한다. 역류는 보통 돌이 되면 대부분 없어지므로 그때까지 기다리라고 말하는 것이 처방이 되지만, 사실 그 말을 들은 부모는 아기가 자꾸 올리는 모습을 참지 못해 뭔가 돕고 싶어 큰 병원을 찾은 것이라 또다시 다른 병원에 갈지도 모른다. 그래서 나는 이렇게 말한다. "돌이 되면 나아지지만 그 전에도 방법은 있어요. 이유식을 조금만 일찍 시작해봅시다. 이유식은 위장 아래로 가라앉는 고형식이어서 위장 안에서 출렁거리는 모유나 분유보다 확실히 덜 올려요. 그때까지 제가 외래에서 체중 증가를 체크하겠습니다." 부모 입장에서 보면 이유식 시기는 바로 코앞에 와 있기 때문에 약도 필요 없다는 내 말에 동의하기 쉽다. 약과 검사 없이도 정말로 좋은 치료는 바로 희망을 주는 것이다.

요즘 진료를 보러 병원을 찾는 환자와 가족은 이미 웹 서핑을 마치고 의사에게 왔다고 보는 것이 맞다. 그러다보니 환자로서 궁금한 것이 당연히 많겠지만 자신이 찾은 잘못된 정보에 몰입돼 자신이 선택한 의사를 궁지로 몰아서는 안 된다. 의사도 다 안다. 그런 환자는 본인이 원하는 답을 얻을 때까지 의료진을 몰아붙이는 유형이라는 것을 잘 알고 있다. 서로를 믿는 것이 출발점이 되어야 한다. 선택하고서도 믿지 못한다는 신호를 계속 보내는 환자 앞에서 의사는 최선을 다하는 대신에 방어 진료로 돌아서버린다. 믿지 못하기 때문에 방어 진료와 과잉 진료가 나오기 쉽다.

지금까지 의료의 불편한 진실을 살펴봤다. 그 밑바닥에는 인간의 두려움이 자리한다. 질병이 없지만 증상을 호소하는 기능성 장애 환자를 보는 의사가 자꾸만 검사를 통해 뭔가 원인을 찾으려고 하는 것도, 약이 필요 없는 것이 분명함에도 만약에 대비해 처방하는 것도 대부분 자신에게 책임을 물을까봐 두려워하는 의사의 행동이다. 환자의 건강 회복이라는 공동 목표를 가지고도 성심껏 일하는 의료진과 직원에게 권한을 위임하지 못하는 병원의 리더십 역시 자신의 임기 중에 책임질 상황이 벌어지는 것을 두려워하기 때문이다. 사랑하는 자식이 다칠까봐 이것저것 아이의 행동과 마음을 컨트롤하려는 어른 또한 자신의 걱정거리를 미리 줄이려는 행위를 하고 있는 것이다. 앞날의 잠재적 손실에 대한 두려움은 어설픈 개입을 낳고, 누군가는 이득을 보지만 또 누군가는 그 손해를 떠안게 된다.

모두가 이득을 보고 싶어하지만 그중 누군가는 손해를 보게 되어 있다. 그래서 이 진실들을 알아야 한다. 누군가가 이득을 줄이면 다른 누군가의 손해도 준다. 그것이 올바른 방향이고, 그래야 휴머니즘 의료가 산다. 병원에 가는 나는 따뜻해지고 싶다. 웹스터 사전을 보면 '휴머니즘'은 인간의 이익과 가치 그리고 존엄을 우선시하는 시스템이나 사상 혹은 행동을 의미한다고 되어 있다. 이것은 인종이나 민족, 국가나 종교의 차이를 초월하여 추구하는 것이 마땅하다. 이 책에서 휴머니즘 의료를 다루었지만 의료의 문제가 아니라 그저 일상생활의 휴머니즘이 그대로 의료로 이어진 것이 휴머니즘 의료다. 거창하게 이름 붙여 배우고 따라야 하는 것이 아니고 인간미 넘치는 삶 속에서 휴먼 의료는 저절로 꽃피우기 마련이다. 5월의 따사로운 햇살처럼 살아가는 삶의 훈련 방법이 있기는 한데 그게 쉬운 듯 쉽지만은 않다.

오래전 코비드-19 감염이 한창이던 시절, 나와 같이 일하는 동료 교수가 선제적 코로나 검사를 위해 전공의들과 병원 내의 선별진료소로 갔다. 벌써 몇 번째 검사인지 셀 수조차 없다. 두 줄이 있어서 전공의는 왼쪽 줄에, 교수는 오른쪽 줄에 섰고, 교수 차례가 되어 검사를 해주는 직원에게 다가갔을 때 창 너머 흘깃 그의 피곤한 표정이 읽혔다. 코비드 사태는 병원 직원의 가

윗일을 늘린 주범이었다. 교수는 짐짓 입꼬리를 올리며 인사를 건넸다. "힘드시죠? 고생이 많으시네요." 그러자 직원이 웃으며 답한다. "네, 괜찮아요. 고맙습니다." 그러고는 콧속 깊숙이 들어오는 그 철사봉은 전과 다르게 매우 부드러웠고 그 직원이 조심스럽게 하고 있다는 생각이 들었다. 하나도 아프지 않았다. 그런데 옆 줄에서 검사를 한 전공의는 검사를 당한 쪽 눈에서 눈물이 철철 흐르고 있었다. "교수님, 오늘따라 정말 아프게 하네요." "아 그랬구나. 난 오늘 편하게 했어." 입가에 머금은 미소가 들킬까봐 교수는 고개를 돌렸다. 그리고 회진을 위해 병실로 돌아가며 교수는 말을 꺼냈다. "그게 말이야……."

그냥 앞에 있는 사람의 마음을 읽어보라. 나로 인해 그 사람이 만족하면 내가 행복해지는 경험을 해본 적이 있지 않은가? 매일 내 앞에 서 있는 그 누군가를 행복하게 만들어보자. 이보다 더 좋은 휴머니즘의 훈련은 없다.

감사의 글

이번 글을 쓰면서 조심스러웠다. 누군가의 실수를 드러내야 했기 때문이다. 나 자신에 대한 성찰로 가득 채운다면 더 자신 있게 썼을 수도 있겠건만 내 관점에서 본 남을 평가하기가 정말로 부담스러웠다. 하지만 써내려갔다. 기능성 장 장애를 가진 소아 환자를 보면서 가장 좋은 치료 방법이 보이지 않았던 가족 내 맥락을 드러내는 것임을 깨우치고 있었기에 불편함을 감수하기로 했다. 트라우마를 비롯한 심리적 질환이나 증상의 극복에 반드시 필요한 부분이 바로 '맥락의 노출'이다.

우리나라에서 손꼽히는 3차 병원에 근무하면서 나는 환자와 가족과 그들을 진료했던 다른 의사들을 볼 수 있었다. 그들 모두 자기가 맡은 일을 잘하고 있었지만 환자가 호소하는 증상의 원인을 파악하지 못하고 있었다. 내가 아는 나는 내가 아니고 남이 보는 내가 나라고 했던가. 내 눈에는 그 맥락이 보였다. 덕분에

이 책이 나올 수 있었다.

가장 먼저 우리 가족에게 감사의 마음을 전한다. 언제나 그랬듯이 아내와 딸과 아들은 나에게 아이디어와 통찰을 들이부었다. 넘쳐서 어쩔 줄 몰랐을 정도니까. 환자를 볼 때 나 혼자만으로 볼 수는 없다. 우리 '휴민GI' 팀이 늘 곁에서 도왔기에 가능했다. 병원 식구 모두에게 감사를 드린다. 그리고 각색된 사례로 나오는 환자와 가족들에게도 큰 고마움을 전한다. 아픔을 딛고 이겨 나가길 진심으로 기원한다. 글항아리의 강성민 대표님과 이은혜 편집장님 그리고 모든 글항아리 식구에게도 감사를 드린다. 이렇게 늘 도와주는 분들이 있어 그저 행복할 뿐이다.

누군가 나의 실수를 지적하면 얼굴이 바로 일그러질 것 같다. 게다가 내가 몰랐던 나의 단점을 깨달은 순간 아주 많이 창피할 수도 있다. 하지만 인간은 아픈 기억을 통해 극복하고 개선한다. 비슷한 상황을 겪는 분들이 이 책을 읽고 그동안 숨겨져왔던 자신의 모습을 알게 되어 스스로 발전할 수 있게 된다면 글을 쓴 작가로서 더할 나위 없이 기쁠 것 같다.

우리는 행복하기 위해 산다. 그런데 세상은 살다보니 행복해짐을 느낄 수 있어 더 좋다.

참고문헌

머리말

1. 박재영, 『개념의료』, 청년의사, 2013, 9쪽

프롤로그

1. 조셉 슈랜드 외, 『디퓨징』, 서영조 옮김, 더퀘스트, 2013, 32쪽

제1장 병원을 떠나는 의사, 환자와 같이 늙는 의사

1. 늘해나, 「알베르트 슈바이처의 생애와 인생 명언들」, 책과 함께 소소한 행복, 2021, https://bookhappy.tistory.com/319
2. 지미영, 「아프리카 남수단 출신 고 이태석 신부 제자가 한국에서 의사가 된 이유」, 인사이트, 2021, https://post.naver.com/viewer/postView.naver?volumeNo=31819271&memberNo=29949587&vType=VERTICAL
3. 김종민, 「직장인 52.1% "퇴사하는 진짜 이유 숨겼다"」, 『뉴시스』, 2020, https://newsis.com/view/?id=NISX20200413_0000991789
4. Fowler, C., 'FORGET WHAT YOU HEARD―Your physicians are resigning for these five reasons', Pinnacle health group, http://www.

phg.com/2017/04/forget-reason-heard-physicians-resigning-five-reasons/
5. Wible, P., 'Quitting Residency—14 Reasons To Quit & 17 Reasons To Stay', Pamela Wible MD, https://www.idealmedicalcare.org/14-reasons-to-quit-residency/
6. 네이버 지식백과, 히포크라테스 선서(송창호, 『인물로 보는 해부학의 역사』, 정석출판, 2015), https://terms.naver.com/entry.naver?docId=3384941&categoryId=58251&cid=58251
7. American Academy of Pediatrics, American Academy of Family Physicians, and American College of Physicians, Transitions Clinical Report Authoring Group, 'Clinical report—Supporting the health care transition from adolescence to adulthood in the medical home', *Pediatrics* 2011;128:182-200
8. White, P. H., et al., 'Supporting the health care transition from adolescence to adulthood in the medical home', *Pediatrics* 2018;142:e20182587
9. 토드 로즈, 『평균의 종말』, 정미나 옮김, 21세기북스, 2018, 22쪽

제2장 소음에만 반응하는 환자, 현상에만 반응하는 의사

1. 김태영, 「칼 포퍼의 비판적 합리주의에서 본 비판적 사고성향의 중요성」, 인문과학연구, 2013;39:395-415
2. 권오상, 「2500만 명 몰살 1차 대전 끝나자…7000만 명 사망 더 큰 후폭풍」, 『한국일보』, 2019, https://www.hankookilbo.com/News/Read/201912191684749911
3. 위키백과, 돼지 인플루엔자, https://ko.wikipedia.org/wiki/%EB%8F%BC%EC%A7%80_%EC%9D%B8%ED%94%8C%EB%A3%A8%EC%97%94%EC%9E%90
4. Schmeck, Harold M. Jr., 'Flu experts soon to rule on need of new vaccine', *The New York Times*, 1976, https://www.nytimes.com/1976/03/21/archives/flu-experts-soon-to-rule-on-need-of-new-vaccine-flu-experts-

soon-to.html?searchResultPosition=1

5. 네이트 실버, 『신호와 소음』, 이경식 옮김, 더퀘스트, 2012, 312쪽

6. Schwartz, H., 'Swine flu fiasco', *The New York Times*, 1976, https://www.nytimes.com/1976/12/21/archives/swine-flu-fiasco.html

7. 김우주, 「신종인플루엔자 A/H1N1 대유행: 현황과 전망」, 대한의사협회지, 2009;52(8):787-794

8. 네이트 실버, 위의 책, 324쪽

9. 최정우, 「암 앞에 나이·성별 없어… 제대로 알고 대비해야」, 『이데일리』, 2021, https://www.edaily.co.kr/news/read?newsId=01715446629248016&mediaCodeNo=257&OutLnkChk=Y

10. 데이비드 프리드먼, 『거짓말을 파는 스페셜리스트』, 안종희 옮김, 지식갤러리, 2011, 60쪽

11. Wilkinson, G. R., 'Drug metabolism and variability among patients in drug response'. *The New England Journal of Medicine*, 2005;352:2211-2221

12. Turner, E. H., et al., 'Selective publication of antidepressant trials and its influence on apparent efficacy', *The New England Journal of Medicine*, 2008;358:252-260

13. 데이비드 프리드먼, 위의 책, 11쪽

14. 임웅재, 「아이 구토에 놀라 응급실 갔더니 변비라고?」, 『서울경제』, 2019, https://www.sedaily.com/NewsView/1VJ9MELPV1

15. 'Clinical guidelines: a brief history', Evicore healthcare by Evernorth, 2017, https://www.evicore.com/insights/clinical-guidelines-a-brief-history

16. 요다위키, 히포크라테스 코퍼스, https://yoda.wiki/wiki/Hippocratic_Corpus

17. 김미진, 「한국의 염증성 장질환 환아에서 thiopurine 대사산물의 모니터링에 의한 저용량 azathioprine 치료의 안전성과 효율성」, 대한소아청소년과 제63차 추계학술대회 초록집, 2013

18. van Rheenen, P. F., et al., 'The medical management of paediatric Crohn's disease: an ECCO-ESPGHAN Guideline update', *Journal of Crohn's and Colitis*, 2021;15(2):171-194

19. Altman, L. K., 'Earliest AIDS case is called into doubt', *The New York Times*, 1995, https://www.nytimes.com/1995/04/04/science/earliest-aids-case-is-called-into-doubt.html

20. 위키백과, 후천면역결핍증후군, https://ko.wikipedia.org/wiki/%ED%9B%84%EC%B2%9C%EB%A9%B4%EC%97%AD%EA%B2%B0%ED%95%8D%EC%A6%9D%ED%9B%84%EA%B5%B0

21. Kang, B., et al., 'Subtherapeutic infliximab trough levels and complete mucosal healing are associated with sustained clinical remission after infliximab cessation in paediatric-onset Crohn's disease patients treated with combined immunosuppressive therapy'. *Journal of Crohn's and Colitis*, 2018;12:644-652

22. 온다네, 「놀라운 일들? 놀랍지 않은 일들? 마음먹기에 달린 것이 아니라 실체가 변화 중인 것입니다」, 네이버 카페 'IBD 염증성장질환 크론병 환우모임', 2022, https://cafe.naver.com/coutgeneralcrohn/7857?art=ZXh0ZXJuYWwtc2VydmljZS1uYXZlci1zZWFyY2gtY2FmZS1wcg.eyJhbGciOiJIUzI1NiIsInR5cCI6IkpXVCJ9.eyJjYWZlVHlwZSI6IkNBRkVfVVJMIiwiY2FmZVVybCI6ImNvdXRnZW5lcmFsY3JvaG4iLCJhcnRpY2xlSWQiOjc4NTcsImlzc3VlZEF0IjoxNjYzNjU5NDM2MDUzfQ.1ErUC28bmuygJzbethcYPDTQJvoNZ2lAl0N0TycjPWo

제3장 질병이 아니었는데 잦은 복통으로 고생했다면 왜 그랬을까?

1. 「바더-마인호프 현상」, Ux days Seoul, 2020, https://medium.com/@uxdaysseoul/%EB%B0%94%EB%8D%94-%EB%A7%88%EC%9D%B8%ED%98%B8%ED%94%84-%ED%98%84%EC%83%81-baader-meinhof-phenomenon-218472396bed

2. 조지프 르두, 『불안』, 임지원 옮김, 인벤션, 2017, 20쪽

3. 서울아산병원 질환백과, 신체형 장애, https://www.amc.seoul.kr/asan/healthinfo/disease/diseaseDetail.do?contentId=31585

4. 조지프 르두, 위의 책, 117쪽

제4장 새로운 의원병

1. 「'손씻기'를 주장하다가 미친 사람 취급받은 19세기 의사」, BBC 뉴스 코리아, 2019, https://www.bbc.com/korean/news-49916415
2. 이반 일리히, 『병원이 병을 만든다』, 박홍규 옮김, 미토, 2004
3. 이혜인, 「"학교·병원에 지나치게 의존하는 사회가 당연한가요" 이반 일리치가 묻다」, 『경향신문』, 2021, https://m.khan.co.kr/culture/culture-general/article/202111011744001#c2b
4. 나심 니콜라스 탈레브, 『안티프래질』, 안세민 옮김, 와이즈베리, 2013, 173쪽
5. 위의 책, 178쪽
6. 최연호, 『기억 안아주기』, 글항아리, 2020, 168쪽
7. 위의 책, 107쪽
8. 네이버 지식백과, 시사상식사전, 가스라이팅, https://terms.naver.com/entry.naver?docId=5138864&cid=43667&categoryId=43667
9. 김예랑, 「양세형, 식당서 기도 막힌 노인 구조… 하임리히 법으로 살렸다」, 『한국경제』, 2022, https://www.hankyung.com/society/article/2022041952297
10. 서울연구원, 「공공장소에서 심장마비? 자동 심폐소생기로 응급처치 가능」, 세계도시동향, 2007, https://www.si.re.kr/node/39357
11. 이은, 「오은영 "가스라이팅, 부모 자식 간에 많이 벌어진다"… 사례 보니」, 『머니투데이』, 2021, https://news.mt.co.kr/mtview.php?no=2021060707070725044

제5장 환자는 두 번째다

1. 프레드 리, 『디즈니 병원의 서비스 리더십』, 강수정 옮김, 김앤김북스, 2009, 133쪽
2. 위키백과, 자기결정성이론, https://ko.wikipedia.org/wiki/%EC%9E%90%EA%B8%B0%EA%B2%B0%EC%A0%95%EC%84%B1_%EC%9D%B4%EB%A1%A0
3. 장 프랑수아 만초니 외, 『확신의 덫』, 이아린 옮김, 위즈덤하우스, 2014, 80쪽
4. 네이버 지식백과, 그리스로마신화 인물백과, 피그말리온, https://terms.naver.com/entry.naver?docId=3398362&cid=58143&categoryId=58143#TABLE_

5. 정성훈, 『사람을 움직이는 100가지 심리법칙』, 케이앤제이, 2011
6. Eden, D., et al., 'Pygmalion goes to boot camp', *Journal of Applied Psychology*, 1982;67:194-199
7. 폴 슈피겔만 외, 『환자는 두 번째다』, 김인수 옮김, 청년의사, 2014, 11쪽
8. Wikipedia, Mayo clinic, https://en.wikipedia.org/wiki/Mayo_Clinic
9. 폴 슈피겔만 외, 위의 책, 152쪽
10. 폴 슈피겔만 외, 위의 책, 151쪽
11. 프레드 리, 위의 책, 259쪽
12. 짐 콜린스, 『좋은 기업을 넘어 위대한 기업으로』, 이무열 옮김, 김영사, 2002, 79쪽

제6장 휴머니즘 의료

1. 애덤 그랜트, 『기브앤테이크』, 윤태준 옮김, 생각연구소, 2013, 146쪽
2. Edmonson, A. C., 'Learning from mistakes is easier said than done', *The Journal of Applied Behavioral Science*, 2004;40:66-90
3. 칩 히스 외, 『스위치』, 안진환 옮김, 웅진지식하우스, 2010, 14쪽
4. 위의 책, 16쪽
5. 박재홍, 「블랙 페이션츠에 어떻게 대응할 것인가」, 법무법인 세승, http://www.sslaw.kr/new/?m=bbs&bid=column&p=30&uid=1589
6. 애덤 그랜트, 『기브앤테이크』, 윤태준 옮김, 생각연구소, 2013, 149쪽

참고문헌

의료쇼핑, 나는 병원에 간다

초판인쇄 2024년 1월 19일
초판발행 2024년 1월 25일

지은이 최연호
펴낸이 강성민
편집장 이은혜
마케팅 정민호 박치우 한민아 이민경 박진희 정경주 정유선 김수인
브랜딩 함유지 함근아 박민재 김희숙 고보미 정승민 배진성
제작 강신은 김동욱 이순호

펴낸곳 (주)글항아리
출판등록 2009년 1월 19일 제406-2009-000002호

주소 경기도 파주시 심학산로10 3층
전자우편 bookpot@hanmail.net
전화번호 031-955-8869(마케팅) 031-941-5161(편집부)

ISBN 979-11-6909-199-2 03300

www.geulhangari.com